# 꿩 먹고 알 먹는 스와힐리어 첫걸음

박정경 지음

| 저자 | 박정경 |

〈약력〉
- 1998   한국외대 아프리카어과 졸업(문학사 취득)
- 2000   동대학교 대학원 아랍·아프리카어문학과 졸업(문학석사 취득)
- 2004   케냐 국립 나이로비대학교 문학과 박사과정 졸업(문학박사 취득)
- 2004   한국외대 아프리카어과 강사
- 현재    동대학교 아프리카연구소 연구원

# 꿩 먹고 알 먹는 스와힐리어 첫걸음

초판 인쇄 : 2010년 7월 5일
초판 발행 : 2010년 7월 10일

저 자 : 박 정 경
발행인 : 서 덕 일
발행처 : 도서출판 문예림
등 록 : 1962. 7. 12 제2-110호
주 소 : 서울특별시 광진구 군자동 1-13 문예하우스 101호
전 화 : (02)499-1281~2
팩 스 : (02)499-1283
http://www.bookmoon.co.kr
E-mail : book1281@hanmail.net

ISBN 978-89-7482-475-4(13790)

＊잘못된 책이나 파본은 교환해 드립니다.
＊저자와 협의에 의해 인지는 생략합니다.

# 머리말

스와힐리어는 아프리카를 대표하는 언어이다. 세계 12대 언어 중 하나에 속하는 스와힐리어는 케냐, 탄자니아, 우간다, 콩고민주공화국 등의 국가에서 공식어(official language), 혹은 국어(national language)의 지위를 확보하고 있으며, 말라위, 모잠비크, 잠비아, 코모로제도, 수단, 에티오피아, 소말리아, 마다가스카르, 르완다, 부룬디 등지에서도 널리 통용되는 동아프리카의 교통어(lingua franca)이다. 스와힐리어를 제2언어, 혹은 제3언어로 쓰는 이들까지 포함하면 동아프리카에서 스와힐리어 화자는 7천만에 이른다. 아프리카연합(African Union)에서도 아프리카 토착어로는 유일하게 스와힐리어를 공식어로 채택하고 있을 만큼 국제 사회에서 스와힐리어의 중요성이 강조되고 있다.

최근 정상외교와 현지투자 확대로 한국과 아프리카간의 관계가 급속도로 진전되고 있으므로 국내에서 아프리카 토착어를 구사하는 인력에 대한 수요가 점차 증가할 것으로 예상된다.

스와힐리어는 배우기 쉬운 언어로서 단기간의 효과적이고 체계적인 학습을 통해 실제적인 맥락에서 사용이 가능하다. 또한 스와힐리어는 로마자를 이용하여 표기되기 때문에 영어 학습을 통해 로마자에 익숙한 이들은 따로 문자를 습득하는 데 시간을 할애할 필요가 없다. 한국인이 어려움을 느낄만한 발음이 스와힐리어에는 거의 존재하지 않으며, 많은 아프리카 언어에서 발견되는 성조 역시 없다.

이 책은 스와힐리어 학습을 처음 시작하는 이들을 위해 집필되었다. 본문은 18장으로 구성되어 있는데, 각 장에는 상황별 대화가 제시되어 있다. 일상 생활에서 자주 쓰이는 표현을 중심으로 이루어진 대화는 스와힐리어 회화의 기초를 다지는 데 유익할 것이다. 그러나 실용적 표현에 초점을 둔 구성으로 인해 이 책은 체계적인 스와힐리어 문법을 습득하기에는 미흡하다.

마지막으로 필자에게 스와힐리어를 처음 가르쳐 주신 김윤진 교수님과 권명식 교수님께 감사를 드리며, 이 책의 출간을 지원해 주신 문예림의 서덕일 선생님께 사의를 표한다.

2008년 12월 왕산에서 박정경

# Contents

- 머리말 | 3
- 스와힐리어 발음 | 6

1. **Jambo?** 별 일 없지요? | 11
2. **Habari?** 어떻게 지내세요? | 16
3. **Nataka kwenda posta.** 나는 우체국에 가고 싶습니다. | 23
4. **Kupeleka barua** 편지 보내기 | 30
5. **Kununua tikiti** 표 사기 | 38
6. **Kunywa kahawa** 커피 마시기 | 46
7. **Kuwekesha chumba** 객실 예약하기 | 55
8. **Kupata chumba** 객실 배정받기 | 63
9. **Kuonyesha chumba** 객실 안내하기 | 71
10. **Kununua matunda** 과일 구입하기 | 78
11. **Katika duka la nguo** 옷가게에서 | 88
12. **Kuagiza chakula** 음식 주문하기 | 99
13. **Kula nyama choma** 냐마초마 먹기 | 108

14. **Kupika chakula** 음식 요리하기 | 117

15. **Kusafiri ni kuzuri.** 여행은 좋은 것이다. | 125

16. **Katika basi** 버스에서 | 133

17. **Kualikwa ngoma** 잔치에 초대받기 | 145

18. **Katika mkahawa** 카페에서 | 153

■ 부록 | 165

# 스와힐리어 발음

## 1. 모음

스와힐리어에는 다섯 개의 모음이 존재한다.

### ✱ a

강세가 올 때 : '아' 발음과 유사

> kitábu máji wakáti
> 키타부   마지   와카티

강세가 오지 않을 때 : '아'와 '어'의 중간 발음과 유사

> kusóma símba nyóta
> 쿠소마   심바   뇨타

### ✱ e

'에' 발음과 유사

> Kuléta kujénga émbe
> 쿨레타   쿠젱가   엠베

### ✱ i

'이' 발음과 유사

> víta rafíki karíbu
> 비타   라피키   카리부

### ✱ o

'우' 발음과 유사

> mtóto kuómba masómo
> 음토토   쿠옴바   마소모

❋ u

'우' 발음과 유사

búre  kuruhúsu  kusukúma
부레    쿠루후수    쿠수쿠마

❋ 이중모음

1. 서로 다른 모음이 연속해서 나올 때는 각각 다른 음절로 발음

faída, aíbu, zaídi, shaúri, faúlu
파이다 아이부 자이디 샤우리 파울루

2. 같은 모음이 연속해서 나올 때는 장음으로 발음

sáa, mzée, híi, kóo, mgúu
사아 음제에 히이 쿠우 음구우

## 2. 자음

❋ 유성 파열음

1. 'ㅂ' 발음과 유사하지만 항상 유성음

b : bába  baháti  bahári
    바바    바하티    바하리

2. 'ㄷ' 발음과 유사하지만 항상 유성음

d : dáda  kwénda  dáwa
    다다    꾸웬다    다와

3. 'ㅈ' 발음과 유사하지만 항상 유성음

j : júa  jámbo  kúja
    주아   잠보    쿠자

4. 'ㄱ' 발음과 유사하지만 항상 유성음

g : gári  mgéni  kufúnga
    가리    음게니    쿠풍가

## ✱ 무성 파열음

1. 'ㅍ' 발음과 유사

    p : **p**ánga u**p**épo ku**p**ótea
    　　팡가　　우페포　　쿠포테아

2. 'ㅌ' 발음과 유사

    t : **t**ísa uk**ú**ta **t**áa
    　　티사　　우쿠타　　타아

3. 'ㅊ' 발음과 유사

    ch : **ch**akúla **ch**áche **ch**úpa
    　　차쿨라　　챠체　　츄파

4. 'ㅋ' 발음과 유사

    k : **k**áka **k**ísu **k**éti
    　　카카　　키수　　케티

## ✱ 비음

1. 'ㅁ' 발음과 유사

    m : **m**áma **m**éno **m**óto
    　　마마　　메노　　모토

    ※ 'm'이 부류접사의 형태로 단어의 앞부분에서 실현될 때는 '음' 발음과 유사

    **m**tóto **m**wémbe **m**fúko
    음토토　　음웸베　　음푸코

2. 'ㄴ' 발음과 유사

    n : **n**éne **n**áne **n**úsu
    　　네네　　나네　　누수

## ✱ 공명 비음

'응' 발음과 유사

ng' : **ng'**ómbe **ng'**ámbo **ng**ózi
　　　응옴베　　응암보　　응고지

## ✱ 구개 비음

'은' 발음과 유사하며, 모음 앞에서는 'ny', 자음 앞에서는 'n'으로 표기

ny : **ny**úmba **n**chi **n**je
늄바 은치 은제

---

### ✲ 마찰 치음

1. ‘ㄸ’ 발음과 유사하나. 된소리가 아니라 이 사이와 혀의 마찰이 일어나도록 발음

   th : **th**elathíni **th**elúji
   뗄라띠니 뗄루지

2. ‘ㄷ’ 발음과 유사하나, 이 사이의 혀의 마찰이 일어나도록 발음

   dh : ka**dh**alíka tafa**dh**áli **dh**ahábu
   카달리카 타파달리 다하부

---

### ✲ 마찰 순치음

1. ‘ㅍ’ 발음과 유사하나, 윗니와 아랫입술의 마찰이 일어나도록 발음

   f : ku**f**ícha ku**f**ahámu
   쿠피챠 쿠파하무

2. ‘ㅂ’ 발음과 유사하나, 윗니와 아랫입술의 마찰이 일어나도록 발음

   v : **v**ítu ku**v**únja **v**úmbi
   비투 쿠분자 붐비

---

### ✲ 공명음

1. ‘ㄹ’ 발음과 유사하며, 혀가 입천장에 붙지 않도록 발음

   r : ku**r**úka **r**afíki ngu**r**úwe
   쿠루카 라피키 응구루웨

2. ‘ㄹ’ 발음고 유사하며, 혀가 입천장에 붙도록 발음

   l : ku**l**ála **l**ú**l**u
   쿨랄라 룰루

3. ‘우’ 발음과 유사

   w : sá**w**a **w**íngu ku**w**éza
   사와 윙구 쿠웨자

4. ‘이’ 발음과 유사

   y : há**y**a yá**y**a
   하야 야야

---

### ✲ 마찰 연구개음

‘ㄱ’ 발음과 유사하나, 혀의 뒤 부분이 목젖 근처 입천장에 붙은 상태에서 목구멍에서

나오는 공기가 마찰을 일으키도록 발음

gh : gháli gharáma
　　　갈리　　가라마

## 3. 강세

스와힐리어의 강세는 항상 뒤에서 두 번째 음절의 모음에 온다.

bá-ba(2음절)
바 바

m-tó-to(3음절)
음 토 토

a-me-pá-ta(4음절)
아 메 파 타

a-li-ye-kú-ja(5음절)
알 리 예 쿠 자

# Jambo?
## 별 일 없지요?

지호와 미나 부부는 지금 막 케냐의 수도 나이로비에 도착했다. 공항으로 마중을 나온 그들의 친구 주마는 반갑게 인사를 건넨다.

주마 : (지호에게) Jambo, bwana?
　　　　　　　　잠보　　브와나
지호 : Jambo.
　　　잠보
주마 : (미나에게) Hujambo, bibi?
　　　　　　　　후잠보　비비
미나 : Sijambo, Juma.
　　　시잠보　주마

지호와 미나 부부는 주마의 부인 아샤와 아이들의 안부를 묻는다.
지호 : (주마에게) Asha hajambo?
　　　　　　　　아샤　하잠보
주마 : Hajambo.
　　　하잠보
미나 : (주마에게) Watoto hawajambo?
　　　　　　　　와토토　하와잠보
주마 : Hawajambo. Asante!
　　　하와잠보　　아산테

주마 : (지호에게) 신사 분께서는 별 일 없으시지요?
지호 : 별 일 없습니다.
주마 : (미나에게) 숙녀 분께서는 별 일 없으시지요?
미나 : 저는 별 일 없습니다.
지호와 미나 부부는 주마의 부인 아샤와 아이들의 안부를 묻는다.
지호 : (주마에게) 아샤씨는 별 일 없으시지요?
주마 : 그녀는 별 일 없습니다.
미나 : 아이들은 별 일 없지요?
주마 : 그들은 별 일 없습니다. 감사합니다.

**1단계**

### 단어 익히기

- jambo            일, 사건, 별 일 없지요?
- hujambo          별 일 없지요?(한 사람에게)
- sijambo          별 일 없습니다.
- bwana            신사, ~씨(남자에게)
- bibi             숙녀, ~양(여자에게)
- hajambo          그(그녀)는 별 일 없지요?
- watoto           아이들(단수 mtoto)
- hawajambo        그들은 별 일 없지요?
- asante           감사합니다

**2단계**

### 문법 따라잡기

## 1. 부정주격전철과 'jambo'를 이용한 인사법

1) 'jambo'를 이용한 표현은 스와힐리어 인사의 일반적인 형태로서 부정주격전철(Negative Subject Prefix)과 함께 사용된다.

| | |
|---|---|
| Hujambo? | 당신 별 일 없지요? ('hu-' 2인칭 단수 부정주격전철) |
| Sijambo. | 저는 별 일 없습니다. ('si-' 1인칭 단수 부정주격전철) |
| Hamjambo? | 당신들 별 일 없지요? ('ham-' 2인칭 복수 부정주격전철) |
| Hatujambo. | 우리는 별 일 없습니다. ('hatu-' 1인칭 복수 부정주격전철) |
| Hajambo? | 그는 별 일 없지요? ('ha-' 3인칭 단수 부정주격전철) |
| Hajambo. | 그는 별 일 없습니다. |
| Hawajambo? | 그들은 별 일 없지요? ('hawa-' 3인칭 복수 부정주격전철) |
| Hawajambo. | 그들은 별 일 없습니다. |

2) 'jambo'를 이용한 인사 표현은 부정주격전철 없이 쓰이기도 한다.

    Jambo?      별 일 없지요?
    Jambo.      별 일 없습니다.

3) 'jambo'의 복수형인 'mambo'는 격식을 차리지 않아도 되는 친구간의 인사에 사용되며, 탄자니아의 스와힐리 화자들이 주로 사용한다.

    Mambo?    어떻게 되가?
    Poa.        좋아. ('-poa' 진정하다, 회복하다)

※ **m/wa class 부정주격전철**(25p m/wa class 주격전철, 48p 주격전철 참조)

|  | 단 수 | 복 수 |
|---|---|---|
| 1인칭 | si- | hatu- |
| 2인칭 | hu- | ham- |
| 3인칭 | ha- | hawa- |

**3 단계**

### 표현 따라하기

## 1. 'jambo'를 이용한 인사말 따라하기

Jambo?                        별 일 없지요?
잠보

Jambo.                        별 일 없습니다.
잠보

Hujambo, Juma?          주마씨, 별 일 없지요?
후잠보 주마

Sijambo.                    저는 별 일 없습니다.
시잠보

Bwana Kim hajambo?    김선생님께서는 별 일 없으시지요?
브와나 김 하잠보

| | |
|---|---|
| Hajambo.<br>하잠보 | 그분은 별 일 없으십니다. |
| Hamjambo, wanafunzi?<br>함잠보 와나푼지 | 학생들, 별 일 없지? |
| Hatujambo, mwalimu.<br>하투잠보 무왈리무 | 선생님, 저희는 별 일 없습니다. |
| Wazazi wako, hawajambo?<br>와자지 와코 하와잠보 | 당신의 부모님들께서는 별 일 없으시지요? |
| Hawajambo.<br>하와잠보 | 그분들은 별 일 없으십니다. |
| Mambo?<br>맘보 | 어떻게 되가? |
| Poa.<br>포아 | 좋아 |

| | |
|---|---|
| wanafunzi | 학생들(단수 mwanafunzi) |
| mwalimu | 선생님 |
| wazazi | 부모님(단수 mzazi) |
| wako | 너의(2인칭 단수 소유격의 기본형은 '-ako') |

**4**단계

## 1. 다음 인사에 대한 알맞은 대답을 쓰시오.

1) Hujambo?

1) _____ .

2) Hamjambo?

2) _____ .

3) Hawajambo?
2) _____ .

4) Bibi Fatuma, hajambo?
2) _____ .

5) Mambo?
2) _____ .

---

1) Sijambo  2) Hatujambo  3) Hawajambo  4) Hajambo  5) Poa

## 2. 스와힐리어로 작문하시오.

1) 별 일 없지요?          _____
   별 일 없습니다.         _____

2) 그는 별 일 없지요?     _____
   그는 별 일 없습니다.   _____

3) 당신들은 별 일 없지요? _____
   우리들은 별 일 없습니다. _____

---

1) Jambo?, Jambo   2) Hajambo?, Hajambo
3) Hamjambo?, Hatujambo

## 3. 빈 칸에 m/wa class 부정주격전철을 쓰시오.

|     | 단 수 | 복 수 |
|-----|-------|-------|
| 1인칭 | 1)    | 4)    |
| 2인칭 | 2)    | 5)    |
| 3인칭 | 3)    | 6)    |

---

1) si   2) hu   3) ha   4) hatu   5) ham   6) hawa

## Somo la 2

# Habari?
### 어떻게 지내세요?

케냐의 나이로비에 머물고 있는 지호와 미나는 주마의 어머니인 할리마의 집을 방문하게 되었다. 그들 일행이 할리마 집 앞에 도착했다.

주마: (현관문을 똑똑 두드리며) Hodi?
호디

할리마: (집 안에서) Karibu!
카리부

주마: Shikamoo, mama.
시카모오, 마마

할리마: Marahaba.
마라하바

주마: Habari gani?
하바리 가니

할리마: Salama tu. (지호와 미나에게) Hamjambo?
살라마 투                              함잠보

지호, 미나: Hatujambo, mama.
하투잠보  마마

주마: Hawa ni rafiki zangu. (지호와 미나를 각각 가리키며)
하와 니 라피키 장구

Huyu ni bwana Park Jiho, na huyu ni mke
후유 니 브와나 박지호, 나 후유 니 음케

wake, bibi Lee Mina.
와케  비비  이미나

할리마: Karibuni! Mnatoka wapi?
카리부니  음나토카 와피

지호: Tunatoka Korea.
투나토카 코레아

할리마: Habari za safari?
하바리 자 사파리

미나: Njema.
은제마

| | |
|---|---|
| 주마: | (현관문을 똑똑 두드리며) 계세요? |
| 할리마: | (집 안에서) 환영합니다. |
| 주마: | 어머니, 안녕하시지요. |
| 할리마: | 잘 지내고 있단다. |
| 주마: | 어떻게 지내세요? |
| 할리마: | (지호와 미나에게) 평안할 뿐이지. 당신들은 별 일 없지요? |
| 지호, 미나: | 우리는 별 일 없습니다. |
| 주마: | 이 사람들은 내 친구들입니다. (지호와 미나를 각각 가리키며) 이 사람이 박지호씨이고, 이 사람은 그의 부인 이미나씨입니다. |
| 할리마: | 환영합니다. 당신들은 어디서 왔습니까? |
| 지호: | 우리들은 한국에서 왔습니다. |
| 할리마: | 여행은 어떠했습니까? |
| 미나: | 좋았습니다. |

## 1단계

### 단어 익히기

- hodi — 들어가도 될까요?
- karibu — 환영합니다(한 사람에게)
- shikamoo — 나이 많은 사람이나 상급자에 대한 인사
- marahaba — 'shikamoo'의 대답
- mama — 어머니, 성인 여성에 대한 존칭
- habari — 소식, 정보, 뉴스
- gani — 어떤
- habari gani? — 어떻게 지내세요? 어떤 소식이 있습니까?(상대의 안부를 물을 때)
- salama — 평안합니다, 건강합니다('habari ~'에 대한 대답)
- tu — 단지, 오직, ~일 뿐
- hamjambo — 당신들 별 일 없지요?
- hatujambo — 우리는 별 일 없습니다
- hawa — 이 사람들(지시 대명사)

- ni　　　　　　　　~이다
- rafiki　　　　　　친구
- zangu　　　　　　나의('-angu' 1인칭 단수 소유대명사)
- huyu　　　　　　이 사람
- mke　　　　　　　부인('mwanamke'의 축약형)
- wake　　　　　　그의('-ake' 3인칭 단수 소유대명사)
- karibuni　　　　　환영합니다(여러 사람에게)
- mnatoka wapi?　　당신들은 어디서 왔나요?
- tunatoka Korea　　우리들은 한국에서 왔습니다.
- safari　　　　　　여행
- habari za safari　　여행은 어땠나요?
- njema　　　　　　좋습니다('habari~'에 대한 대답)

## 문법 따라잡기

### 1. 'habari'를 이용한 인사

'habari' 역시 스와힐리어 인사에 자주 나타나는데 'habari za' 뒤에 따라오는 단어에 따라 다양한 시간, 장소, 상황 등에서 사용될 수 있다.

| | |
|---|---|
| Habari? | 어떻게 지내세요? |
| Nzuri. | 좋습니다. |
| | |
| Habari yako(zako)? | 어떻게 지내세요? 당신의 소식은? ('-ako' 2인칭 단수 소유대명사) |
| Salama tu. | 평안할 뿐입니다. |
| | |
| Habari za asubuhi? | 어떻게 지내세요(아침)? ('asubuhi' 아침) |
| 　　　　mchana? | 어떻게 지내세요(오후) ('mchana' 점심, 오후) |
| 　　　　jioni? | 어떻게 지내세요(저녁) ('jioni' 저녁) |
| 　　　　usiku? | 어떻게 지내세요(밤) ('usiku' 밤) |

| | |
|---|---|
| Njema. | 좋습니다. |
| Habari za kazi? | 일은 어떠세요? ('kazi' 일) |
| Habari za nyumbani? | 집(가족들)은 좀 어떠세요? ('nyumba' 집) |
| Habari za siku nyingi? | 오랫동안 어땠나요? ('siku' 날, 일(日), '-ingi' 많은) |

## 2. 그 밖의 유용한 인사 표현

| | |
|---|---|
| Shikamoo. | 안녕하시지요.(손아래사람이 손윗사람에게) |
| Marahaba. | 잘 지내고 있단다. |
| U hali gani? | 어떻게 지내세요? ('hali' 상태) |
| Safi. | 좋습니다('safi' 깨끗한) |
| U mzima? | 건강하시지요?('-zima' 건강한, 다 자란) |
| Mzima. | 건강합니다. |

**3단계**

### 표현 따라하기

### 1. 'habari'를 이용한 인사

| | |
|---|---|
| Habari?<br>하바리 | 어떻게 지내세요? |
| Nzuri.<br>은주리 | 좋습니다. |
| Habari za asubuhi?<br>하바리 자 아수부히 | 어떻게 지내세요?(아침인사) |
| Safi sana.<br>사피 사나 | 좋습니다.('sana' 매우) |

| | |
|---|---|
| Habari za mchana?<br>하바리 자 음챠나 | 어떻게 지내세요?(오후) |
| Siyo mbaya.<br>시요 음바야 | 나쁘지 않습니다.('siyo' 아니다, 'mbaya' 나쁜) |
| Habari za jioni?<br>하바리 자 지오니 | 어떻게 지내세요?(저녁) |
| Salama tu.<br>살라마 투 | 평안할 뿐입니다. |
| Habari za usiku?<br>하바리 자 우시쿠 | 어떻게 지내세요?(밤) |
| Njema.<br>은제마 | 좋습니다. |
| Habari za kazi?<br>하바리 자 카지 | 일은 어떠세요? |
| Nzuri.<br>은주리 | 좋습니다. |
| Habari za masomo?<br>하바리 자 마소모 | 학업은 어떠세요?('masomo' 학업, 공부) |
| Nzuri sana.<br>은주리 사나 | 매우 좋습니다. |

## 2. 어디서 왔습니까?

| | |
|---|---|
| Unatoka wapi?<br>우나토카 와피 | 당신은 어디서 왔습니까? |
| Ninatoka Korea.<br>니나토카 코레아 | 나는 한국에서 왔습니다. |
| Mnatoka wapi?<br>음나토카 와피 | 당신들은 어디서 왔습니까? |
| Tunatoka Kenya.<br>투나토카 케나 | 우리들은 케냐에서 왔습니다. |

Anatoka wapi?　　　　그는 어디서 왔습니까?
아나토카　와피

Anatoka Marekani.　　그는 미국에서 왔습니다.
아나토카　　마레카니

Wanatoka wapi?　　　그들은 어디서 왔습니까?
와나토카　와피

Wanatoka Uingereza.　그들은 영국에서 왔습니다.
와나토카　우잉게레자

## 4단계 문제 풀기

**1. 다음 인사에 대한 알맞은 대답을 쓰시오.**

1) Habari za asubuhi?
　　_____ .

2) Habari yako?
　　_____ .

3) Habari za siku nyingi?
　　_____ .

4) U hali gani?
　　_____ .

5) Shikamoo?
　　_____ .

6) Hodi?
　　_____ .

1) ~ 4) Nzuri, Njema, Salama, Safi, Siyo mbaya
5) marahaba  6) karibu

## 2. 스와힐리어로 작문하시오.

1) 일은 어떠세요?  _____
   좋을 따름입니다.  _____

2) 어떻게 지내세요?(저녁인사)  _____
   평안합니다.  _____

3) 집은(가족들은) 좀 어떠세요?  _____
   좋습니다.  _____

4) 당신은 어디서 왔습니까?  _____
   나는 한국에서 왔습니다.  _____

------

1) Habari za kazi?, Nzuri tu
2) Habari za jioni?, Salama
3) Habari za nyumbani?, Nzuri
4) Unatoka wapi?, Ninatoka Korea

# Somo la 3

# Nataka kwenda posta.
## 나는 우체국에 가고 싶습니다.

지호는 우체국 가는 길을 경비원에게 묻는다.

경비원 : Habari za asubuhi?
　　　　 하바리 자 아수부히
지호 : Salama tu, na wewe je?
　　　 살라마 투 나 웨웨 제
경비원 : Safi sana.
　　　　 사피 사나
지호 : Nataka kwenda posta. Unaweza kunionyesha njia?
　　　 나타카　 꾸웬다　 포스타　 우나웨자　 쿠니오녜샤　 은지아
경비원 : Hakuna shida. Nenda moja kwa moja, halafu pinda kulia.
　　　　 하쿠나 시다 넨다 모자 꾸아 모자 할라푸 핀다 쿨리아
　　　　 Utaona posta, upande wa kushoto.
　　　　 우타오나 포스타 우판데 와 쿠쇼토
지호 : Itachukua dakika ngapi?
　　　 이타츄쿠아 다키카 응가피
경비원 : Kama dakika ishirini.
　　　　 카마 다키카 이쉬리니
지호 : Asante! Kwa heri!
　　　 아산테 꾸아 헤리
경비원 : Kwa heri!
　　　　 꾸아 헤리

경비원 : 어떻게 지내세요?(아침인사)
지호 : 평안할 뿐입니다. 당신은 어떠세요?
경비원 : 매우 좋습니다.
지호 : 나는 우체국에 가고 싶습니다. 나에게 길을 안내해주실 수 있습니까?
경비원 : 문제 없습니다. 곧바로 가시다가 오른쪽으로 도세요. 당신은 왼편에서 우체국을 발견할 것입니다.
지호 : 몇 분 정도 걸리지요?
경비원 : 약 20분 정도입니다.
지호 : 감사합니다! 안녕히 계세요!
경비원 : 안녕히 가세요!

## 1단계

### 단어와 숙어 익히기

- wewe      너, 당신(독립인칭대명사)
- je      (의문형 표시)
- -taka      원하다
- -enda      가다
- posta      우체국
- -weza      ~를 할 수 있다
- -onyesha      보여주다, 인도하다
- njia      길
- hakuna      ~이 없다
- shida      어려움, 고통
- nenda      '-enda'의 명령형
- moja kwa moja      똑바로, 일직선으로
- halafu      그리고, 그 다음에
- -pinda      돌다
- kulia      오른쪽
- upande      쪽, 면, 방향
- kushoto      왼쪽
- -chukua      운반하다, (시간이) 걸리다
- dakika      분(minute)
- ishirini      20

## 2단계

### 문법 따라잡기

#### 1. 스와힐리어 문장형성

일반적인 스와힐리 문장에서 동사는 여러 요소들과 연결되어 나타난다.

    Mama <u>ananileta</u> chakula.    어머니께서 나에게 음식을 가져다주신다.
                              (-leta 가져오다, chakula 음식)

위의 문장에서 동사부 a-na-ni-leta는 주격전철(3인칭 단수), 현재시제, 목적격전철(1인칭 단수), 동사원형의 순으로 구성되어 있다.

<u>Ninataka</u> chai.              나는 차를 원한다.(chai 차)

위 문장의 동사부는 ni-na-taka로서 주격전철(1인칭 단수), 현재시제, 동사원형으로 구성되어 있다.

<u>Unasoma</u> kitabu gani?        당신은 어떤 책을 읽고 있습니까?(-soma 읽다, 공부하다, kitabu 책)

위 문장의 동사부는 u-na-soma로서 주격전철(2인칭 단수), 현재시제, 동사원형으로 구성되어 있다.

Watoto <u>wanakula</u> chakula.    아이들은 음식을 먹고 있다.(-la 먹다)

위 문장의 동사부는 wa-na-(ku)la로서 주격전철(3인칭 복수), 현재시제, 동사원형으로 구성되어 있다.

※ '-la,' '-ja,' (오다) '-nywa' (마시다) 등 단음절 동사가 동사부를 구성할 때 발음상의 편의를 위해 동사원형 앞에 'ku'가 첨가된다.

※ 예외적으로 '-enda,' '-isha' (끝내다, 끝나다) 등의 이음절 동사 역시 동사부를 구성할 때 'ku'가 첨가된다.

※ **m/wa class 주격전철**(13p m/wa class 부정주격전철, 48p 주격전철 참조)

|  | 단 수 | 복 수 |
| --- | --- | --- |
| 1인칭 | ni- | tu- |
| 2인칭 | u- | m- |
| 3인칭 | a- | wa- |

## 2. 명령형(imperative) I

스와힐리어의 명령형에서 한 사람에게만 명령하는 경우, 동사원형만 실현된다.

| | |
|---|---|
| Fanya kazi! | 일해라! |
| Kula chakula! | 음식을 먹어라! |
| Funga mlango! | 문을 닫아라!(-funga 닫다, mlango 문) |

※ 단음절 동사의 경우 동사부를 구성할 때와 마찬가지로 'ku'가 첨가된다.

　두 사람 이상에게 명령하는 경우에는 '-ni'가 첨가되고 동사의 마지막 음절이 '-a'이면 '-e'로 바뀐다.

| | |
|---|---|
| Fungueni! | 열어라!(-fungua 열다) |
| Kuleni! | 먹어라! |
| Chukueni mizigo | 짐들을 운반해라!(mizigo 짐들) |

몇몇 동사들은 예외적인 명령형이 있다.

| | |
|---|---|
| Njoo hapa! | 여기로 와라!(-ja 오다) |
| Nenda! | 가라!(-enda 가다) |
| Lete! | 가져와라!(-leta 가져오다) |

　위의 예들은 직접명령의 형태로서 위압적인 의미를 지닌다. 실제 대화에서 'tafadhali,' 'hebu' 등을 명령형 앞에 붙이면 보다 부드러운 표현이 된다.

| | |
|---|---|
| Hebu sikia! | 들어주세요!(-sikia 듣다) |
| Tafadhali kunywa! | 마셔주세요!(-nywa 마시다) |

**3단계**

표현 따라하기

### 1. 길 묻기

Nataka kwenda posta.
나타카 꾸엔다 포스타
나는 우체국에 가고 싶습니다.

Unaweza kunionyesha njia?
우나웨자 쿠니오녜샤 은지아
나에게 길을 안내해 줄 수 있습니까?

Nenda moja kwa moja.
넨다 모자 꾸아 모자
곧바로 가십시오.

Utaona posta upande wa kulia.
우타오나 포스타 우판데 와 쿨리아
당신은 오른편에서 우체국을 발견할 것입니다.

Posta iko wapi?
포스타 이코 와피
우체국이 어디 있습니까?(-ko ~에 있다)

Iko karibu na Nyayo House.
이코 카리부 나 냐요 하우스
냐요하우스 근처에 있습니다. (karibu na ~근처에)

Unajua njia kwenda posta?
우나주아 은지아 꾸엔다 포스타
당신은 우체국 가는 길을 알고 있습니까? (-jua 알다)

Ndiyo, fuata njia hii moja kwa moja.
은디요, 푸아타 은지아 히 모자 꾸아 모자
그렇습니다. 이 길을 곧장 따라가세요.(-fuata 따르다, hii 이 (지시대명사))

## 2. 헤어질 때 인사

Kwa heri!
꾸아 헤리
안녕히 계세요!

Kwa heri!
꾸아 헤리
안녕히 가세요!

Tutaonana!
투타오나나
우리 다시 만나요!(-onana 만나다)

Kwa herini!
꾸아 헤리니
안녕히들 계세요!(여러 사람에게)

## 3. 감사표시

Asante!
아산테
감사합니다.

Asanteni!           감사합니다.(여러 사람에게)
아산테니

Shukrani!           감사합니다.
슈크라니

Nashukuru!          감사합니다.
나슈쿠루

## 4단계

### 문제 풀기

**1. 해석을 참고하여 밑줄 친 부분에 알맞은 주격전철을 쓰시오.**

1) _____ nataka chai?           당신은 차를 원합니까?
2) _____ nakwenda posta.        나는 우체국에 가고 있습니다.
3) _____ najua njia kwenda posta.
                                그들은 우체국 가는 길을 알고 있습니다.
4) _____ nakula chakula.        우리는 음식을 먹고 있습니다.
5) _____ nasoma kitabu gani?    그는 무슨 책을 읽고 있습니까?

--------

   1) U  2) Ni  3) Wa  4) Tu  5) A

**2. 한국어로 해석 하시오.**

Nenda moja kwa moja, halafu pinda kushoto!
_____

Unaweza kunionyesha njia?
_____

Posta iko wapi?
_____

Utaona posta upande wa kushoto.
_____

- - - - - - - - - - - - - - - - - - - - - - - - - - - - - -

1) 곧바로 가시다가 왼쪽으로 도세요.
2) 당신은 나에게 길을 가르쳐줄 수 있습니까?
3) 우체국이 어디 있습니까?
4) 당신은 왼편에서 우체국을 발견할 것입니다.

## 3. 스와힐리어로 작문하시오.

1) 몇 분이나 걸리나요?

_____

2) 문 닫아라!

_____

3) 일해라!

_____

4) 여기로 와라!

_____

5) 가라!

_____

6) 짐들을 운반해라!(여러 사람에게)

_____

7) 우리 다시 만납시다!

_____

- - - - - - - - - - - - - - - - - - - - - - - - - - - - - -

1) Itachukua dakika ngapi?   2) Funga mlango!
3) Fanya kazi!   4) Njoo hapa!
5) Nenda!   6) Chukueni mizigo!
7) Tutaonana!

# Kupeleka barua
편지 보내기

미나는 편지를 보내기 위해 우체국에 갔다.

미나 : (우체국 직원에게) Habari gani?
하바리 가니

직원 : Nzuri.
은주리

미나 : Nataka kupeleka barua hizi.
나타카 쿠펠레카 바루아 히지

직원 : (한 창구를 가리키며) Usimame pale! Utapata stampu pale.
우시마메 팔레 우타파타 스탐푸 팔레

직원이 알려준 창구에서 기다리던 미나는 자기 차례가 되자 창구에 다가가 그 곳의 직원에게 말한다.

미나 : Habari za mchana?
하바리 자 음차나

직원 : Salama. Nisaidie nini?
살라마 니사이디에 니니

미나 : Naomba stampu kwa barua hizi, kwenda Korea kwa ndege.
나옴바 스탐푸 꾸아 바루아 히지 꾸엔다 코리아 꾸아 은데게

직원 : Una barua ngapi?
우나 바루아 응가피

미나 : Nina barua tatu.
니나 바루아 타투

직원 : (저울을 가리키며) Hebu, weka barua zako moja moja hapa.
헤부 웨카 바루아 자코 모자 모자 하파

미나 : Sawa.
사와

직원 : (각 편지의 무게를 확인 후) Unahitaji stampu tatu za shilingi mia
우나히타지 스탐푸 타투 자 쉴링기 미아

moja na hamsini.
모자 나 함시니

미나 : (500실링 짜리 지폐를 건네며) Jumla ni shilingi mia nne na hamsini.
줌라 니 쉴링기 미아 은네 나 함시니

직원 : Haya, chukua chenji ya shilingi hamsini.
　　　하야　츄쿠아　첸지　야　쉴링기　　함시니

미나 : Asante!
　　　아산테

---

미나 : (우체국 직원에게) 어떻게 지내세요?
직원 : 좋습니다.
미나 : 나는 이 편지들을 보내고 싶습니다.
직원 : (한 창구를 가리키며) 저쪽에 서있으세요. 그 곳에서 당신은 우표를 구할 것입니다.

직원이 알려준 창구에서 기다리던 미나는 자기 차례가 되자 창구에 다가가 그 곳의 직원에게 말한다.

미나 : 어떻게 지내세요(오후 인사)?
직원 : 평안합니다. 제가 무엇을 도와드릴까요?
미나 : 나는 한국에 항공편으로 갈 편지에 붙일 우표를 부탁합니다.
직원 : 당신은 편지를 몇 통 가지고 계십니까?
미나 : 나는 편지 세 통을 가지고 있습니다.
직원 : (저울을 가리키며) 당신의 편지를 하나하나씩 여기 놓으세요.
미나 : 알겠습니다.
직원 : (각 편지의 무게를 확인 후) 당신은 150실링 짜리 우표가 세 장 필요합니다.
미나 : (500실링 짜리 지폐를 건네며) 합이 450실링이군요.
직원 : 그렇습니다. 잔돈 50실링 가져 가십시오.
미나 : 감사합니다.

---

## 1단계

### 단어 익히기

- -peleka　　　　보내다
- barua　　　　　편지
- hizi　　　　　　이것들(n 부류 복수의 지시대명사)
- -simama　　　 멈추다, 서다
- Usimame!　　　멈추세요, 서세요(공손명령)

- pale 저기
- -pata 얻다
- stampu 우표
- -saidia 돕다
- nisaidie nini 제가 무엇을 도와드릴까요?
- -omba 구하다, 기원하다, 요청하다
- kwa ~를 위해, ~로(도구격)
- ndege 새, 비행기
- -na ~를 가지고 있다.
- ngapi 몇 개의(의문사)
- tatu 3
- hebu ~ 해주시겠어요(공손명령)
- moja moja 하나씩, 하나하나
- hapa 여기
- sawa 좋습니다
- -hitaji 필요하다
- shilingi 실링(케냐, 탄자니아, 우간다의 화폐 단위)
- mia 100
- moja 1
- hamsini 50
- jumla 총계, 총합
- nne 4
- chenji 잔돈

## 문법 따라잡기

### 1. 부정형(infinitive)

스와힐리어에서 부정형은 동사원형 앞에 'ku-'가 붙음으로써 형성되며 동명사적인 의미를 지닌다.

**Kuamka** mapema ni kugumu.  일찍 일어나는 것은 어렵다.(-amka 일어나다, mapema 일찍, -gumu 어려운, 힘든)

| | |
|---|---|
| **Kufanya** kazi kutafaa | 일을 하는 것이 이로울 것이다.(-fanya 하다, -faa 이롭다, 적합하다) |
| Naweza **kupeleka** barua. | 나는 편지를 보낼 수 있다. |
| Unataka **kwenda** wapi? | 당신은 어디 가고 싶습니까? |
| Anapenda **kucheza** ngoma. | 그는 북치기를 좋아한다.(-penda 좋아하다, -cheza ngoma 북치다, 춤추다) |

동사원형 앞에 'kuto-'가 붙은 부정형은 부정(否定)의 의미를 지닌다.

| | |
|---|---|
| **Kutokwenda** shule ni kubaya. | 학교에 가지 않는 것은 나쁘다.(shule 학교, -baya 나쁜) |
| **Kutopata** pesa kulimsumbua | 돈을 받지 못함이 그를 화나게 했다.(pesa 돈, -sumbua 화나게 하다) |

## 2. 명령형(imperative) II

공손명령형의 경우는 주격전철(2인칭 단수 'u', 혹은 2인칭 복수 'm')을 동사 앞에 붙고, 동사의 마지막 음절 '-a'가 '-e'로 바뀌는 가상법(subjunctive) 형태가 사용된다.(p.147 가상법 참조)

| | |
|---|---|
| Upike! | 요리하세요!(-pika 요리하다) |
| Ungoje! | 기다리세요!(-ngoja 기다리다) |
| Uende! | 가세요! |
| Msafishe! | 여러분들 청소하세요!(-safisha 청소하다) |
| Mjaribu! | 여러분들 노력하세요!(-jaribu 노력하다) |
| Mle! | 여러분들 드세요! |

※ 가상법의 형태인 공손명령의 경우, 'Mle!'의 예에서와 같이 단음절 동사에 발음상 편의를 위한 'ku'가 첨가되지 않는다.

명령형의 부정(否定)은 공손명령형에서 주격전철과 동사사이에 '-si-'를 첨가함으로써 실현된다.

| | |
|---|---|
| Usipige! | 때리지 마세요!(-piga 때리다) |
| Usiende! | 가지마세요! |

Msifanye! 여러분들 하지마세요!
Msile! 여러분들 먹지마세요!

## 3단계

### 표현 따라하기

### 1. 요청할 때

Nataka kwenda Kenya. 나는 케냐에 가고 싶습니다.
나타카 꾸웬다 케냐

Nataka kunywa chai. 나는 차를 마시고 싶습니다.
나타카 꾸뉴와 차이

Nataka kununua tikiti. 나는 표를 사고 싶습니다.
나타카 쿠누누아 티키티 (-nunua 사다, tikiti 표)

Nataka wali. 나는 밥을 원합니다.(wali 밥)
나타카 왈리

Nataka soda. 나는 탄산음료를 원합니다.(soda 탄산음료)
나타카 소다

Naomba stampu. 나는 우표를 부탁합니다.
나옴바 스탐푸

Naomba nyama ya ng'ombe. 나는 쇠고기를 부탁합니다.
나옴바 냐마 야 응옴베 (nyama 육류, 고기, ng'ombe 소)

Naomba kitabu. 나는 책을 부탁합니다.
나옴바 키타부

Naomba kupeleka barua. 나는 편지 보내는 것을 부탁합니다.
나옴바 쿠펠레카 바루아

### 2. 부정형(infinitive)을 이용한 표현

Kusoma kitabu hiki ni kugumu.
쿠소마 카타부 히키 니 쿠구무 이 책을 읽는 것은 어렵습니다.
(hiki 이(지시대명사))

**Kwenda safari kunafaa.**     여행을 떠나는 것이 이로울 것이다.
꾸웬다   사파리   쿠나파아

Unapenda **ku**cheza mpira?     당신은 공놀이를 좋아합니까?
우나펜다   쿠체자   음피라       (mpira 공)

Tunataka **ku**la chakula.     우리는 음식 먹기를 원합니다.
투나타카   쿨라   챠쿨라

## 3. 공손명령

Hebu, funga mlango!     문을 닫아 주세요!
헤부   풍가   음랑고

Hebu, pika wali!     밥을 해 주세요!
헤부   피카   왈리

Tafadhali, njoo hapa!     여기로 와 주세요!
타파달리   은조오   하파

Tafadhali, fungua dirisha!     창문을 열어 주세요!(dirisha 창문)
타파달리   풍구아   디리샤

Uchome vizuri!     잘 구워주세요!(-choma 굽다, vizuri 좋게, 잘)
우초메   비주리

Usafishe!     청소해 주세요!
우사피쉐

Uchukue chenji!     잔돈을 가져 가세요!
우츄쿠에   첸지

Mondoke mapema!     여러분들 일찍 출발하세요!
음온도케   마페마

## 4. 명령형의 부정(否定)

Usije hapa!     여기로 오지 마세요!
우시제   하파

Usisome kitabu hiki!     이 책을 읽지 마세요!
우시소메   키타부   히키

Usipeleke barua!     편지 보내지 마세요!
우시펠레케   바루아

Msilale!     여러분들 주무시지 마세요!(-lala 잠자다)
음시랄레

Msitoke nje!
음시토케  은제

여러분들 밖으로 나가지 마세요!(nje 밖)

**4**단계

## 문제 풀기

### 1. 한국어 해석을 참고하여 밑줄 친 부분을 스와힐리어로 채우시오.

1) Nataka _____ shule.　　　나는 학교에 가고 싶습니다.
2) _____ Kiswahili kunafaa.　스와힐리어 공부는 이롭다.
3) _____ kazi!　　　　　　일하세요!(한 사람에게)
4) _____ chakula!　　　　여러분들 음식을 먹지 마시오!

-------

　　　1) kwenda, 2) Kusoma, 3) Ufanye, 4) Msile

### 2. 한국어로 해석 하시오.

1) Nataka kupeleka barua hizi.
　_____

2) Unahitaji stampu tatu za hamsini.
　_____

3) Kutokwenda shule ni kubaya.
　_____

4) Msafishe!
　_____

-------

　　1) 나는 이 편지들을 보내고 싶습니다.
　　2) 당신은 50실링짜리 우표 세 장이 필요합니다.
　　3) 학교에 가지 않는 것은 나쁘다.
　　4) 여러분들 청소 하세요!

**3. 한국어 해석을 참고하여 주어진 동사의 명령형을 쓰시오.**

1) _____ ! (-la)      먹어라!
2) _____ ! (-enda)    가라!
3) _____ ! (-fungua)  여세요!
4) _____ ! (-lala)    여러분들 주무시지 마세요!
5) _____ ! (-fanya)   하지 마시오!(한 사람에게)

---

    1) Kula,　2) Nenda,　3) Ufungue,　4) Msilale,　5) Usifanye

**4. 스와힐리어로 작문하시오.**

1) 당신은 편지 몇 통을 가지고 있습니까?
   _____

2) 문 닫아라!
   _____

3) 그는 음식 먹는 것을 좋아한다.
   _____

4) 이 책을 읽지 마세요!
   _____

5) 여러분들 차를 마시세요!
   _____

---

    1) Una barua ngapi?　　　　　　2) Funga mlango!
    3) Anapenda kula chakula.　　　4) Usisome kitabu hiki!
    5) Mnywe chai

# Kununua tikiti
표 사기

나이로비에 머물고 있는 지호와 미나는 몸바사로 여행을 가려고 한다. 지호는 내일 출발하는 버스를 예약하기 위해 버스정류장에 나왔다.

지호 : Habari za mchana?
하바리 자 음차나

직원 : Salama tu. Habari yako?
살라마 투 하바리 야코

지호 : Mzima. Nataka kwenda Mombasa.
음지마 나타카 꾸웬다 몸바사

직원 : Utakwenda lini?
우타꾸웬다 리니

지호 : Nitakwenda kesho.
니타꾸웬다 케쇼

직원 : Kuna mabasi mawili kesho, saa mbili asubuhi na saa tano usiku.
쿠나 마바시 마윌리 케쇼, 사아 음빌리 아수부히 나 사아 타노 우시쿠

지호 : Nataka kwenda asubuhi.
나타카 꾸웬다 아수부히

직원 : Watu wangapi?
와투 와응가피

지호 : Watu wawili. Pesa ngapi kwa tikiti mbili?
와투 와윌리 페사 응가피 꾸아 티키티 음빌리

직원 : Shilingi elfu moja na mia sita.
실링기 엘푸 모자 나 미아 시타

지호는 돈을 건네고 표를 받는다.

직원 : Lazima ufike hapa saa moja na nusu kesho asubuhi.
라지마 우피케 하파 사아 모자 나 누수 케쇼 아수부히

지호 : Haya, asante.
하야 아산테

지호 : 어떻게 지내세요?(오후인사)
직원 : 평안할 따름입니다. 당신은 어떻게 지내세요?

지호 : 건강합니다. 나는 몸바사에 가고 싶습니다.
직원 : 언제 갈 것입니까?
지호 : 내일 갈 것입니다.
직원 : 내일 버스가 두 편 있는데, 아침 8시와 밤 11시입니다.
지호 : 나는 아침에 가고 싶습니다.
직원 : 몇 사람입니까?
지호 : 두 사람입니다. 표 두 장에 얼마입니까?
직원 : 1600실링입니다.

지호는 돈을 건네고 표를 받는다.

직원 : 당신은 반드시 내일 아침 7시30분까지 여기로 와야 합니다.
지호 : 알겠습니다. 고맙습니다.

## 1단계

### 단어 익히기

- lini            언제(의문사)
- kesho         내일
- mabasi       버스들(단수 basi)
- mbili           2
- saa             시계, 시간
- tano           5
- watu          사람들(단수 mtu)
- pesa           돈
- tikiti           표, 티켓
- elfu            천(1,000)
- sita            6
- lazima        ~해야만 한다
- -fika          도착하다
- hapa          여기
- nusu          절반, 30분

## 2단계

### 문법 따라잡기

### 1. 명사부류(Noun Classes)

모든 스와힐리어 명사는 의미에 따라 각기 특정한 부류에 속한다. 대개의 경우 명사 앞에 오는 부류접사(class prefix)를 통해 어떤 부류에 속하는 지가 표시되며, 명사와 관계가 있는 형용사, 수사, 소유대명사, 지시대명사 등도 명사부류에 따라 호응한다.

다음은 스와힐리어의 명사부류를 도표로 정리한 것이다.

| 명사부류 | 의미 | 수 | 형용사 | 수사 | 소유대명사 | 지시대명사 |
|---|---|---|---|---|---|---|
| m/wa class | 사람 | 단 | mzuri | mmoja | wangu | yule |
| | | 복 | wazuri | wawili | wangu | wale |
| m/mi class | 식물, 신체부위 | 단 | mzuri | mmoja | wangu | ule |
| | | 복 | mizuri | miwili | yangu | ile |
| ji/ma class | 과일, 직업 사물... | 단 | zuri | moja | langu | lile |
| | | 복 | mazuri | mawili | yangu | yale |
| ki/vi class | 사물, 사람, 언어... | 단 | kizuri | kimoja | changu | kile |
| | | 복 | vizuri | viwili | vyangu | vile |
| n class | 사물, 동물, 외래어... | 단 | nzuri | moja | yangu | ile |
| | | 복 | nzuri | mbili | zangu | zile |
| u class | 사물, 추상명사 | 단 | mzuri | mmoja | wangu | ule |
| | | 복 | nzuri | mbili | zangu | zile |
| ku class | 동사의 부정형 | 단 | kuzuri | | kwangu | kule |
| ma class | 장소 | 단 | pazuri | pamoja | pangu | pale |
| | | | kuzuri | | kwangu | kule |
| | | | muzuri | | mwangu | mle |

예를 들어 '한 명의 사람'이라는 의미를 표현할 때, 스와힐리어에서는 '사람'을 뜻하는 명사 'mtu'가 먼저 나오고 '하나, 1'을 뜻하는 수사 'moja'가 뒤에 나타나서

'mtu mmoja'가 된다. 'mtu'가 사람을 의미하는 m/wa 부류에 속하는 명사이기 때문에 이를 수식하는 수사 'moja' 앞에 m/wa 부류 단수의 호응접사 'm'이 붙게 되는 것이다. '한 권의 책'은 스와힐리어로 'kitabu kimoja'가 되는데, 이는 ki/vi 부류에 속하는 명사 'kitabu'를 꾸미는 수사 'moja' 앞에 ki/vi 부류 단수의 호응접사 'ki'가 첨가된 형태이다.

## 2. 시간 표현

스와힐리인들은 자정과 정오를 기준으로 매 시간을 계산하는 일반적인 방식을 사용하지 않고, 해가 뜨고 지는 시간을 기준으로 시간을 나타낸다. 따라서 해가 뜰 무렵인 오전 7시는 스와힐리 시간으로는 'saa moja asubuhi', 즉 '아침 1시'인 것이다. 마찬가지로 해가 질 무렵인 저녁 7시는 'saa moja jioni', 즉 '저녁 1시'가 된다.

 오전 8시          saa mbili asubuhi (mbili 2)

 정오(오후 12시)    saa sita mchana (sita 6)

 오후 3시          saa tisa mchana (tisa 9)

 밤 10시           saa nne usiku (nne 4)

오전 9시 30분              saa tatu na nusu (nusu 반)
오전 9시 15분              saa tatu na robo (robo 1/4)
오전 9시 45분(10시 15분전)  saa nne kasa robo
                          (kasa ~보다 적은, 모자라는)
오전 9시 5분               saa tatu na dakika tano

## 3단계 표현 따라하기

### 1. 가격 묻기

Pesa ngapi kwa tikiti?     표가 얼마입니까?
페사 응가피 꾸아 티키티

Shilingi hamsini.     50실링입니다.
실링기 함시니

Bei gani?     얼마입니까?
베이 가니

Shilingi mia tisa.     900실링입니다.
실링기 미아 티사

Nataka kununua matunda.     나는 과일을 사고 싶습니다.
나타카 쿠누누아 마툰다

Pesa ngapi kwa ndizi hii?     이 바나나는 얼마입니까?(ndizi 바나나)
페사 응가피 꾸아 은디지 히

Hii ni shilingi ishirini.     이것은 20실링입니다.
히 니 실링기 이쉬리니

### 2. 몇 사람입니까?

Watu wangapi?     몇 사람입니까?
와투 와응가피

Watu wawili.     두 명입니다.
와투 와윌리

Una watoto wangapi?     당신은 몇 명의 아이들이 있습니까?
우나 와토토 와응가피

Nina watoto watatu.     나는 세 명의 아이들이 있습니다.
니나 와토토 와타투

Kuna wanafunzi wangapi darasani?     몇 명의 학생들이 교실에 있습니까?
쿠나 와나푼지 와응가피 다라사니     (darasa 교실, 학급)

Wanafunzi kumi.  10명의 학생들입니다.(kumi 10)
와나푼지 쿠미

## 3. 시간 표현

Utaondoka saa ngapi?  당신은 몇 시에 출발할 것입니까?
우타온도카   사아  응가피

Nitaondoka saa tano.  나는 11시에 출발할 것입니다.
니타온도카   사아  타노

Ni saa ngapi?  몇 시입니까?
니 사아 응가피

Saa kumi na moja kasa robo.  5시 15분 전입니다.
사아 쿠미 나 모자  카사  로보

Atafika saa ngapi?  그가 몇 시에 도착할 것입니까?
아타피카 사아  응가피

Atafika saa nne asubuhi.  그는 오전 10시에 도착할 것입니다.
아타피카 사아  은네  아수부히

Watoto walala saa ngapi?  아이들은 몇 시에 잠자리에 듭니까?
와토토   왈랄라  사아  응가피

Saa tatu na nusu usiku.  밤 9시 30분입니다.
사아  타투 나 누수  우시쿠

**4단계**

### 문제 풀기

**1. 한국어를 참고하여 밑줄 친 부분을 스와힐리어로 채우시오.**

1) Utakwenda Mombasa _____?   당신은 언제 몸바사에 갈 것입니까?
2) Watoto _____              세 명의 아이들
3) Pesa _____ kwa tikiti?    표는 얼마입니까?

4) Kuna mabasi _____ kesho.　　버스 두 편이 내일 있습니다.

---

　　　1) lini, 2) watatu, 3) ngapi, 4) mawili

## 2. 한국어로 해석 하시오.

1) Utaondoka saa ngapi?
　_____

2) Kuna wanafunzi wangapi darasani?
　_____

3) Atafika saa nne asubuhi.
　_____

4) Lazima ufike hapa saa moja asubuhi.
　_____

---

　　1) 당신은 몇 시에 떠날 것입니까?
　　2) 몇 명의 학생들이 교실에 있습니까?
　　3) 그는 10시에 도착할 것입니다.
　　4) 당신은 반드시 아침 7시까지 여기 도착해야 합니다.

## 3. 제시된 시간을 스와힐리어로 쓰시오.

1) 오전 9시　　　　　_____
2) 오전 7시 30분　　 _____
3) 오후 2시15분　　　_____
4) 오후 7시45분　　　_____
5) 오후 10시20분　　 _____

---

　　1) saa tatu asubuhi
　　2) saa moja na nusu asubuhi
　　3) saa nane na robo mchana
　　4) saa mbili kasa robo jioni
　　5) saa nne na dakika ishirini usiku

## 4. 스와힐리어로 작문하시오.

1) 나는 내일 아침에 갈 것입니다.
   _____

2) 표 두 장에 얼마입니까?
   _____

3) 몇 시입니까?
   _____

4) 얼마입니까?
   _____

5) 1600실링입니다.
   _____

6) 나는 두 명의 아이들이 있습니다.
   _____

---

1) Nitakwenda kesho asubuhi.
2) Pesa ngapi kwa tikiti mbili.
3) Ni saa ngapi?
4) Bei gani?/Pesa ngapi?
5) Shilingi elfu moja na mia sita.
6) Nina watoto wawili.

# Kunywa kahawa
## 커피 마시기

지호와 미나는 주마를 카페에서 만났다. 이들은 몸바사 버스 여행에 대해 이야기를 나눈다.

주마 : Mtakunywa nini?
　　　음타쿠뉴와　니니

지호 : Nataka kahawa, (미나를 가리키며) na yeye anapenda chai.
　　　나타카　카하와　　　　　　　　　나 예예 아나펜다 차이

주마 : Nitakunywa soda. (점원을 향해) Baba, tuletee kahawa moja, chai
　　　니타쿠뉴와 소다　　　　　　　　바바 툴레테에 카하와 모자 차이
　　　moja na soda moja.
　　　모자 나 소다 모자

지호 : Nilikwenda stesheni ya basi kununua tikiti ya basi kwenda
　　　닐리꾸엔다 스테쉐니 야 바시 쿠누누아 티키티 야 바시 꾸엔다
　　　Mombasa.
　　　몸바사

주마 : Mtaondoka saa ngapi kesho?
　　　음타온도카 사아 응가피 케쇼

미나 : Tutakwenda saa mbili asubuhi. Itachukua masaa mangapi?
　　　투타꾸엔다 사아 음빌리 아수부히 이타츄쿠아 마사아 마응가피

주마 : Labda itachukua masaa manane.
　　　라브다 이타츄쿠아 마사아 마나네

지호 : Basi, tutafika Mombasa saa kumi mchana.
　　　바시 투타피카 몸바사 사아 쿠미 음차나

주마 : Safari ndefu sana! Ni bora kwenda Mombasa kwa ndege.
　　　사파리 은데푸 사나 니 보라 꾸엔다 몸바사 꾸아 은데게

지호 : Tunapenda safari kwa basi, na hatuna pesa nyingi.
　　　투나펜다 사파리 꾸아 바시, 나 하투나 페사 닝기

주마 : 당신들은 무엇을 마실 것입니까?
지호 : 저는 커피를 원하고, (미나를 가리키며) 그녀는 홍차를 좋아합니다.
주마 : 나는 탄산음료를 마실것입니다. (점원을 향해) 아저씨, 우리에게 커피 한 잔, 홍차 한 잔, 탄산 음료 한 병 갖다 주세요.

지호 : 나는 몸바사 가는 표를 사기 위해 버스정류장에 갔었습니다.
주마 : 당신들은 내일 몇 시에 떠납니까?
미나 : 우리는 아침 8시에 갈 것입니다. 몇 시간이나 걸리나요?
주마 : 아마, 여덟 시간 정도 걸릴 것입니다.
지호 : 그렇다면, 우리는 몸바사에 오후 4시쯤에 도착할 것이군요.
주마 : 아주 긴 여행이지요! 비행기로 몸바사에 가는 것이 더 낫습니다.
지호 : 우리는 버스 여행을 좋아하지요, 그리고 우리는 돈이 그리 많지 않습니다.

## 1단계

### 단어 익히기

- -nywa    마시다
- kahawa    커피
- yeye    그(3인칭단수 독립인칭대명사)
- chai    차, 홍차
- soda    탄산음료
- stesheni    정류장
- -nunua    사다
- -ondoka    떠나다, 출발하다
- labda    아마도
- basi    그러면
- -refu    긴
- bora    -이 더 낫다
- -ingi    많은

## 2단계

### 문법 따라잡기

**1. 주격전철**

  스와힐리어 문장에서 동사부의 첫 부분을 구성하는 것은 주격전철이다.

각 명사부류의 긍정주격전철과 부정주격전철은 다음과 같다.

| 명사부류 | 수 | 긍정주격전철 | | 부정주격전철 |
|---|---|---|---|---|
| m/wa class | 단 | 1인칭 | ni | si |
| | | 2인칭 | u | hu |
| | | 3인칭 | a | ha |
| | 복 | 1인칭 | tu | hatu |
| | | 2인칭 | m | ham |
| | | 3인칭 | wa | hawa |
| m/mi class | 단 | u | | hau |
| | 복 | i | | hai |
| ji/ma class | 단 | li | | hali |
| | 복 | ya | | haya |
| ki/vi class | 단 | ki | | haki |
| | 복 | vi | | havi |
| n class | 단 | i | | hai |
| | 복 | zi | | hazi |
| u class | 단 | u | | hau |
| | 복 | zi | | hazi |
| ku class | 단 | ku | | haku |
| ma class | 단 | pa | | hapa |
| | | ku | | haku |
| | | m | | ham |

이와 같이 주어가 되는 명사의 부류에 따라 주격전철이 결정된다. 예외적으로 사람을 뜻하거나 살아있는 동물을 뜻하는 명사는 그 명사가 어느 부류에 속하든지 m/wa 부류의 주격전철을 따른다.

Mama **a**nafika.  어머니께서 도착하신다.
Mgonjwa **a**likufa jana.  환자가 어제 죽었다.(mgonjwa 환자)
Mbwa **a**likula.  개가 먹었다.(mbwa 개)
Nguo **i**nafaa.  옷이 맞다.(nguo 옷)
Nguo **zi**nafaa.  옷들이 맞다.
Basi **li**nakwenda.  버스가 간다.

| | | |
|---|---|---|
| **Si**jui. | 나는 모른다. | |
| Hamadi **ha**jui. | 하마디는 모른다. | |
| **Hawa**fanyi kazi. | 그들은 일하지 않는다. | |
| Wanafunzi **hawa**somi. | 학생들이 공부를 하지 않는다. | |
| **Haku**na kazi. | 일이 없다. | |
| Nguo **hazi**toshi. | 옷이 충분치 않다. | |

이밖에 사람을 지칭하는 대명사는 동사부에 연결되지 않고 독립적으로 사용되는 형태가 존재하는데, 이를 독립인칭대명사라 한다.

|  | 단수 | 복수 |
|---|---|---|
| 1인칭 | mimi | sisi |
| 2인칭 | wewe | ninyi |
| 3인칭 | yeye | wao |

| | |
|---|---|
| **Mimi** ni mwalimu. | 나는 선생이다. |
| **Wewe** ni mwanafunzi. | 너는 학생이다. |
| **Yeye** ni Mkorea. | 그는 한국사람이다. |
| **Sisi** ni wanafunzi. | 우리는 학생들이다. |
| **Ninyi** ni wageni. | 너희들은 손님들이다. |
| **Wao** ni watoto. | 그들은 아이들이다. |

## 2. m/wa 부류

m/wa 부류의 명사는 사람을 의미한다. 단수형에서는 부류접사 'm'이 오고, 복수형에서는 'wa'가 부류접사로 실현된다. 예외적으로 mdudu(벌레)와 mnyama(동물)는 동물을 뜻함에도 불구하고 m/wa 부류에 속한다.

⟨m/wa 부류 명사⟩

| | 단수 | 복수 |
|---|---|---|
| 선생님 | mwalimu | walimu |
| 학생 | mwanafunzi | wanafunzi |
| 손님 | mgeni | wageni |
| 인도사람 | Mhindi | Wahindi |

| | | |
|---|---|---|
| 유럽인(백인) | Mzungu | Wazungu |
| 농부 | mkulima | wakulima |
| 사람 | mtu | watu |
| 아이 | mtoto | watoto |
| 노인 | mzee | wazee |

**M**toto **m**kubwa **a**nakewnda shule.
큰 아이가 학교에 간다.(-kubwa 큰)
**W**atu **w**engi **wa**linunua matunda.
많은 사람들이 과일을 샀다.(-ingi 많은, matunda 과일들)
**W**ageni **w**etu **wa**wili **wa**taondoka kesho.
우리 손님 두 사람이 내일 떠날 것이다.(-etu 우리의)
**M**sichana hu**yu a**nakunywa soda.
이 소녀는 탄산음료를 마신다.(msichana 소녀)

〈m/wa 부류에 속하는 명사가 아니면서 사람을 의미하는 경우〉

| | | |
|---|---|---|
| n 부류 | baba | 아버지 |
| | mama | 어머니 |
| | dada | 누나, 언니, 여동생 |
| | kaka | 형, 오빠, 남동생 |
| ki/vi 부류 | kijana/vijana | 청년 |
| | kipofu/vipofu | 장님 |
| | kiziwi/viziwi | 귀머거리 |
| ji/ma 부류 | bwana/mabwana | 신사 |
| | bibi/mabibi | 숙녀 |
| | dereva/madereva | 운전사 |

## 3단계 표현 따라하기

### 1. 카페에서 주문하기

Unataka nini?      당신은 무엇을 원하십니까?
우나타카 니니

Nataka chai.      나는 홍차를 원합니다.
나타카 차이

Mtakunywa nini?      당신들은 무엇을 마실 것입니까?
음타쿠뉴와 니니

Tutakunywa kahawa.      우리는 커피를 마실 것입니다.
투타쿠뉴와 카하와

Tunaomba chai moja na kahawa moja.
투나옴바 차이 모자 나 카하와 모자
     우리는 홍차 한 잔과 커피 한 잔을 원합니다.

Tuletee kahawa mbili na soda tatu.
툴레테에 카하와 음빌리 나 소다 타투
     우리에게 커피 두 잔과 탄산음료 세 병을 갖다 주세요.

Anataka maji na naomba maziwa.
아나타카 마지 나 나옴바 마지와
     그는 물을 원하고, 나는 우유를 원합니다.
     (maji 물, maziwa 우유)

### 2. 언제 떠나십니까?

Utaondoka lini?      당신은 언제 떠나십니까?
우타온도카 리니

Nitaondoka kesho.      나는 내일 떠날 것입니다.
니타온도카 케쇼

Mtaondoka saa ngapi?     당신들은 몇 시에 떠나십니까?
음타온도카    사아    응가피

Tutaondoka saa sita usiku.    우리는 밤 12시에 떠날 것입니다.
투타온도카    사아    시타    우시쿠

Atakwenda lini?     그는 언제 갈 것입니까?
아타꾸웬다    리니

Labda atakwenda kesho kutwa.
라브다    아타꾸웬다    케쇼    쿠트와
                         아마 그는 모레 갈 것입니다. (kesho kutwa 모레)

### 3. 시간이 얼마나 걸리나요?

Itachukua masaa mangapi?    몇 시간이나 걸리나요?
이타츄쿠와    마사아    마응가피

Itachukua masaa manne.    네 시간이 걸립니다.
이타츄쿠와    마사아    마은네

Itachukua dakika ngapi?    몇 분이나 걸리나요?
이타츄쿠아    다키카    응가피

Itachukua dakika kumi.    십 분 정도 걸립니다.
이타츄쿠와    다키카    쿠미

Itachukua siku ngapi?    몇 일이나 걸리나요?
이타츄쿠아    시쿠    응가피

Itachukua siku nane.    팔 일 정도 걸립니다.
이타츄쿠아    시쿠    나네

**4** 단계

### 문제 풀기

**1. 해석을 참고하여 빈 칸에 알맞은 주격전철을 넣으시오.**

1) Watoto ___ napenda kucheza mpira. 아이들은 공놀이를 좋아한다.

2) Miti ___ lianguka jana usiku.   나무들이 어제 저녁에 쓰러졌다.
3) Mimi ___ nataka chai.   나는 홍차를 원합니다.
4) Basi ___ nakwenda.   버스가 간다.
5) Nguo ___ nafaa.   옷들이 맞습니다.

----

1) wa, 2) i, 3) ni, 4) li, 5) zi

## 2. 제시된 명사를 고려하여 괄호 안 수식어의 알맞은 형태를 쓰시오.

1) Mwalimu _____ (-zuri)
2) Wanafunzi _____ (-baya)
3) Mgeni _____ (-etu)
4) Wakulima _____ (-ingi)
5) Mtu _____ (-moja)

----

1) mzuri, 2) wabaya, 3) wetu, 4) wengi, 5) mmoja

## 3. 한국어로 해석 하시오.

1) Ni bora kwenda Mombasa kwa ndege.
   _____

2) Nilikwenda stesheni ya basi kununua tikiti.
   _____

3) Labda atakwenda kesho kutwa.
   _____

4) Mgonjwa alikufa jana.
   _____

5) Msichana huyu ni mzuri sana.
   _____

----

1) 몸바사에 비행기로 가는 것이 더 낫습니다.
2) 나는 표를 사러 버스정류장에 갔습니다.
3) 아마 그는 모레 갈 것입니다.
4) 환자가 어제 죽었다.
5) 이 소녀는 매우 예쁘다.

### 4. 스와힐리어로 작문하시오.

1) 그는 차를 마시기 원한다.
   _____

2) 우리에게 커피 두 잔 가져다주세요.
   _____

3) 한 사람이 비행기로 몸바사에 갈 것이다.
   _____

4) 큰 아이들 둘이 학교에 가고 있다.
   _____

5) 우리는 돈이 그다지 많지 않다.
   _____

6) 몇 시간이나 걸리나요?
   _____

---

1) Anataka kunywa chai.
2) Tuletee kahawa mbili.
3) Mtu mmoja atakwenda Mombasa kwa ndege.
4) Watoto wakubwa wawili wanakwenda shule.
5) Hatuna pesa nyingi.
6) Itachukua masaa mangapi?

## Somo la 7

# Kuwekesha chumba
### 객실 예약하기

지호는 숙소 예약을 위해 몸바사의 한 호텔에 전화를 걸고 있다.

직원: Hapa ni Mombasa Holiday Inn, nisaidie nini?
하파 니 몸바사 홀리데이 인 니사이디에 니니

지호: Nataka kuwekesha chumba. Kuna nafasi?
나타카 쿠웨케샤 춤바 쿠나 나파시

직원: Hakuna shida, Tuna nafasi. Utafika Mombasa lini?
하쿠나 쉬다 투나 나파시 우타피카 몸바사 리니

지호: Tutafika kesho, tarehe 21(ishirini na moja).
투타피카 케쇼 타레헤 이쉬리니 나 모자

직원: Jina lako ni nani?
지나 라코 니 나니

지호: Jina langu ni Park Jiho.
지나 랑구 니 박지호

직원: Watu wangapi watakuja hapa?
와투 와응가피 와타쿠자 하파

지호: Mimi na mke wangu tu.
미미 나 음케 왕구 투

직원: Unataka chumba cha namna gani?
우나타카 춤바 챠 남나 가니

지호: Nataka chumba chenye vitanda viwili.
나타카 춤바 첸예 비탄다 비윌리

직원: Utakuwa hapa mpaka lini?
우타꾸와 하파 음파카 리니

지호: Tutakuwa mpaka tarehe 30(thelathini).
투타꾸와 음파카 타레헤 뗄라띠니

직원: Sawa. Nimekwisha kuweka chumba chako. Tutaonana kesho.
사와 니메끄위샤 쿠웨카 춤바 챠코 투타오나나 케쇼

지호: Asante!
아산테

직원 : 여기는 몸바사 홀리데이인 호텔입니다.
　　　제가 무엇을 도와드릴까요?
지호 : 나는 객실을 예약하고 싶습니다. 빈 방 있나요?
직원 : 문제 없습니다. 우리는 빈 객실이 있습니다. 당신은 언제 몸바사에 도착할 것입니까?
지호 : 우리는 내일, 즉 21일에 도착할 것입니다.
직원 : 당신의 성함이 어떻게 되십니까?
지호 : 내 이름은 박지호입니다.
직원 : 몇 분이나 여기로 오시지요?
지호 : 나와 내 아내뿐입니다.
직원 : 당신은 어떤 종류의 객실을 원하십니까?
지호 : 나는 침대 두 개짜리 방을 원합니다.
직원 : 당신은 언제까지 여기 계실 것입니까?
지호 : 우리는 30일까지 있을 것입니다.
직원 : 좋습니다. 나는 당신의 객실 예약하는 것을 마쳤습니다. 우리 내일 만납시다.
지호 : 고맙습니다.

## 1단계

### 단어 익히기

- -wekesha    놓아두게 하다, 예약하다
- chumba     방, 객실
- nafasi     여유 공간, 기회, 빈 방, 빈 좌석 등등
- shida      문제, 어려움
- tarehe     날짜, 일(日)
- jina       이름
- mke        부인, 아내(mwanamke의 준말)
- namna      종류
- -enye      −을 가진
- vitanda    침대들(단수 kitanda)
- mpaka      ~까지, 국경, 경계
- thelathini 30
- -isha      끝내다

## 2단계

### 문법 따라잡기

### 1. 현재 한정시제(present definite tense){na}

스와힐리어에서 현재 벌어지고 있는 사건을 나타내는 시제가 현재 한정시제 {na}이다. 시제는 동사부를 구성함에 있어 주격전철과 동사원형 사이에 위치한다.

   ni    +    na    +    fanya   =   Ninafanya   나는 하고 있다.
주격전철   현재 한정시제    동사원형

단음절 동사의 경우 동사부를 구성함에 있어 동사원형 앞에 'ku'가 추가된다.

ni + na + ku + ja = Ninakuja        나는 오고 있다.
a  + na + ku + nywa = Anakunywa     그는 마시고 있다.

−enda와 −isha의 경우 2음절 동사임에도 동사부를 구성할 때 예외적으로 'ku'가 추가된다.

u + na + ku + enda = Unakwenda      당신은 가고 있다.

Mama a**na**pika.                  어머니께서는 요리하신다.
Rafiki wa**na**kuja leo.            친구들이 오늘 오고 있다.(올 것이다)
Watoto wa**na**cheza mpira.         아이들이 공놀이를 하고 있다.
U**na**penda mpira wa miguu?        당신은 축구를 좋아하십니까?

### 2. 현재 시제의 부정

현재 시제의 부정의 경우 시제가 나타나지 않고 부정주격전철 다음에 바로 동사원형이 나타나서 동사부를 구성한다. 이때 동사원형의 마지막 음절이 '−a'로 끝나면 '−i'로 바뀐다.

   si   +   fanyi   =   Sifanyi         나는 하지 않고 있다.

현재 시제의 부정이 실현될 때 단음절 동사의 경우에도 부정형 전철 {ku}를 동반하지 않는다.

| | | | |
|---|---|---|---|
| si | + ji | = Siji | 나는 오지 않는다. |
| hu | + nywi | = Hunywi | 당신은 마시지 않고 있다. |
| ha | + endi | = Haendi | 그는 가지 않는다. |

Hawaji leo.                    그들은 오늘 오지 않고 있다.(오지 않을 것이다)
Hatufanyi kazi.                우리들은 일을 하고 있지 않다.
Sijui.                         나는 알지 못한다.
Hamsikii baridi?               너희들은 추위가 느껴지지 않니?(baridi 추위)

## 3단계

### 표현 따라하기

## 1. 객실 예약하기

Nataka kuwekesha chumba. 나는 객실을 예약하고 싶습니다.
나타카    쿠웨케샤    츔바

Unataka chumba ngapi?    당신은 몇 개의 객실을 원하십니까?
우나타카   츔바   응가피

Sisi sote ni watu wanane, tunahitaji chumba nne.
시시 소테 니 와투   와나네   투나히타지   츔바  은네
우리 모두가 여덟 명이니, 우리는 객실 네 개가 필요합니다.(-ote 모두)

Tunaomba chumba tatu. Kuna nafasi?
투나옴바   츔바   타투   쿠나  나파시
우리는 객실 세 개를 요청합니다. 빈 방 있습니까?

Mtafika hapa tarehe gani? 당신들은 여기 몇 일에 도착할 예정입니까?
음타피카   하파   타레헤  가니

Tutafika pale tarehe 12(kumi na mbili).
투타피카 팔레 타레헤 쿠미 나 음빌리

우리는 그 곳에 12일에 도착할 예정입니다.
(pale 그 곳)

Sawa, hakuna matata.
사와 하쿠나 마타타

좋습니다. 문제 없습니다.(matata 문제, 어려움)

## 2. 어떤 종류의 객실을 원하십니까?

Unataka chumba cha namna gani?
우나타카 츔바 차 나음나 가니

당신은 어떤 종류의 객실을 원하십니까?

Nataka chumba chenye kitanda kikubwa.
나타카 츔바 첸예 키탄다 키쿠브와

나는 큰 침대가 있는 객실을 원합니다.

Mnataka chumba cha namna gani?
음나타카 츔바 차 나음나 가니

Chumba chenye bafu na choo ni ghali zaidi.
츔바 첸예 바푸 나 쵸오 니 갈리 자이디

당신들은 어떤 종류의 객실을 원하십니까?
욕실과 화장실이 있는 객실은 더 비쌉니다.
(bafu 욕실, choo 화장실, ghali 비싸다, zaidi 더욱, ~보다 더)

Hatuhitaji chumba chenye bafu na choo.
하투히타지 츔바 첸예 바푸 나 쵸오

우리는 욕실과 화장실이 있는 객실이 필요 없습니다.

## 3. 이름이 무엇입니까?

Jina lako ni nani?
지나 라코 니 나니

당신의 이름은 무엇입니까?

Jina langu ni Hansu.
지나 랑구 니 한수

내 이름은 한수입니다.

Unaitwa nani?
우나이트와 나니

당신은 무엇이라 불립니까?(이름이 무엇입니까)

Naitwa Miji.
나이트와 미지
나는 미지라고 불립니다.

Jina lake ni nani?
지나 라케 니 나니
그의 이름은 무엇입니까?

Jina lake ni Daudi.
지나 라케 니 다우디
그이 이름은 다우디입니다.

Mnaitwa nani?
음나이트와 나니
너희들은 무엇이라 불립니까?

Jina langu ni Jeong na Jina lake ni Suji.
지나 랑구 니 정 나 지나 라케 니 수지
내 이름은 정이고 그의 이름은 수지입니다.

## 4. 언제까지 머무르실 예정입니까?

Utakuwa hapa mpaka lini? 당신은 여기 언제까지 머무르실 예정입니까?
우타꾸와 하파 음파카 리니

Nitakuwa mpaka kesho. 나는 내일까지 있을 예정입니다.
니타꾸와 음파카 케쇼

Utakuwa nyumbani mpaka tarehe gani?
우타꾸와 늄바니 음파카 타레헤 가니
당신은 집에 몇 일까지 머무를 예정입니까?

Nitakuwa mpaka tarehe 30(thelathini).
니타꾸와 음파카 타레헤 뗄라띠니
나는 30일까지 있을 예정입니다.

Mtakuwa hoteli yetu mpaka saa ngapi?
음타꾸와 호텔리 예투 음파카 사아 응가피
당신들은 우리 호텔에 몇 시까지 머무를 예정입니까?

Tutakuwa mpaka saa sita mchana. 우리는 정오까지 머물 것입니다.
투타꾸와 음파카 사아 시타 음챠나

**4 단계**

### 문제 풀기

**1. 주어진 동사기본형과 해석을 참고하여 동사부를 완성하시오.**

1) Wanafunzi _____ shule.   학생들이 학교로 가고 있다.(-enda)
2) Mwalimu _____.   선생님이 오고 있다.(-ja)
3) Mimi _____ chai.   나는 차를 마시고 있다.(-nywa)
4) Wao _____ ngoma.   그들은 북을 치고 있다.(-cheza)

---

1) wanakwenda, 2) anakuja, 3) ninakunywa, 4) wanacheza

**2. 제시된 문장의 부정문을 쓰시오.**

1) Mama anapika.   _____
2) Watoto wanacheza mpira.   _____
3) Nguo inafaa.   _____
4) Ninajua.   _____

---

1) Mama hapiki.
2) Watoto hawachezi mpira.
3) Nguo haifai.
4) Sijui.

**3. 한국어로 해석하시오.**

1) Hatuhitaji chumba chenye bafu na choo.
2) Mtakuwa hoteli yetu mpaka saa ngapi?
3) Rafiki wanakuja leo.
4) Nimekwisha kuweka chumba chako. Tutaonana kesho.

---

1) 우리는 욕실과 화장실이 있는 객실이 필요 없습니다.
2) 당신들은 우리 호텔에 몇 시까지 머무를 예정입니까?
3) 친구들이 오늘 오고 있다.(올 것이다)
4) 나는 당신의 방 예약하는 것을 마쳤습니다. 우리 내일 만납시다.

### 4. 스와힐리어로 작문하시오.

1) 당신의 이름은 무엇입니까?
2) 나는 내일까지 있을 예정입니다.
3) 우리는 객실 세 개를 요청합니다. 빈 방 있습니까?
4) 당신은 축구를 좋아하십니까?
5) 몇 분이나 여기로 오시지요?
6) 당신은 언제 몸바사에 도착할 것입니까?

--------

1) Jina lako ni nani?
2) Nitakuwa kesho.
3) Tunaomba chumba tatu. Kuna nafasi?
4) Unapenda mpira wa miguu ?
5) Watu wangapi watakuja hapa?
6) Utafika Mombasa lini?

Somo la 8

# Kupata chumba
객실 배정받기

지호와 미나는 몸바사에 도착해서 미리 예약해 놓은 호텔로 갔다.

직원 : Habari za Safari?
하바리 자 사파리

지호 : Njema. Nilipiga simu jana, kuwekesha chumba.
은제마 니리피가 시무 자나 쿠웨케샤 츔바

직원 : Jina lako ni nani?
지나 라코 니 나니

지호 : Jina langu ni Park Jiho.
지나 랑구 니 박지호

직원 : Hebu, subiri kidogo. (컴퓨터로 예약상황을 조회하고) Bwana Park,
헤부 수비리 키도고 브와나 박

chumba chako ni nambari 612(mia sita kumi na mbili).
츔바 챠코 니 남바리 미아 시타 쿠미 나 음빌리

지호 : Sawa. Chumba changu kiko wapi?
사와 츔바 챵구 키코 와피

직원 : Mchukuzi atakuonyesha chumba chako. (옆에 있는 포터에게)
음츄쿠지 아타쿠오녜샤 츔바 챠코

Chukua mizigo yake, na monyeshe chumba chake.
츄쿠아 미지고 야케 나 음오녜쉐 츔바 챠케

포터 : Nisaidie kuchukua mizigo yako.
니사이디에 쿠츄쿠아 미지고 야코

(지호에게 짐을 받아들고는) Tafadhali twende.
타파달리 투웬데

지호 : Haya!
하야

직원 : 여행은 어떠했습니까?
지호 : 좋았습니다. 내가 어제 객실을 예약하기 위해 전화를 했었습니다.
직원 : 당신의 이름은 무엇입니까?
지호 : 내 이름은 박지호입니다.
직원 : 잠시만 기다려 주십시오. (컴퓨터로 예약상황을 조회하고) 박선생님, 당신의 객실은

　　　　612호실입니다.
지호 : 좋습니다. 내 방이 어디 있지요?
직원 : 포터가 당신의 객실을 보여줄 것입니다.(옆에 있는 포터에게)
　　　그의 짐들을 들어주게, 그리고 그의 객실을 보여드리게.
포터 : 제가 당신 짐 운반하는 것을 도와드리겠습니다. (지호에게 짐을 받아들고는)가시지요.
지호 : 좋습니다.

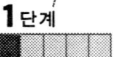

### 단어 익히기

- -piga　　　　　　때리다
- simu　　　　　　전화
- -piga simu　　　전화 걸다
- -subiri　　　　　기다리다
- kidogo　　　　　작게, 조금만
- nambari　　　　숫자, 번호
- -ko　　　　　　　~에 있다
- mchukuzi　　　포터, 짐꾼

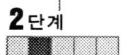

### 문법 따라잡기

## 1. m/mi 부류

m/mi 부류에는 식물, 신체부위, 자연, 사물 등 다양한 영역의 명사가 속해 있다. 단수형에서는 부류접사 'm'이 오고, 복수형에서는 'mi'가 부류접사로 실현된다.

⟨m/mi 부류 명사⟩

1) 나무, 식물

|  | 단수 | 복수 |
|---|---|---|
| 나무 | mti | miti |
| 바오밥나무 | mbuyu | mibuyu |
| 오렌지나무 | mchungwa | michungwa |
| 쌀 | mchele | michele |
| 바나나나무 | mgomba | migomba |

2) 신체부위

|  | 단수 | 복수 |
|---|---|---|
| 입, 입술 | mdomo | midomo |
| 다리, 발 | mguu | miguu |
| 손, 팔 | mkono | mikono |
| 심장, 마음 | moyo | mioyo |

3) 자연

|  | 단수 | 복수 |
|---|---|---|
| 달 | mwezi | miezi |
| 산 | mlima | milima |
| 연기, 불 | moto | mioto |
| 강 | mto | mito |
| 숲 | msitu | misitu |

4) 사물

|  | 단수 | 복수 |
|---|---|---|
| 문 | mlango | milango |
| 공 | mpira | mipira |
| 가방 | mfuko | mifuko |
| 짐 | mzigo | mizigo |
| 빵 | mkate | mikate |
| 사원 | msikiti | misikiti |

※ 명사의 어근이 a, e, i 등으로 시작하는 경우 단수형에서 부류접사가 'mw-'가 된다.

|  | 단수 | 복수 |
|---|---|---|
| 해, 년 | **mw**aka | **mi**aka |
| 망고나무 | **mw**embe | **mi**embe |
| 몸 | **mw**ili | **mi**ili |
| 끝 | **mw**isho | **mi**isho |

※ 예외적으로 단수형 부류접사가 'mu-'로 나타나기도 한다.

| 옥수수(식물) | **mu**hindi | **mi**hindi |
| --- | --- | --- |
| 카사바(식물) | **mu**hogo | **mi**hogo |
| 사탕수수 | **mu**wa | **mi**wa |

| | |
| --- | --- |
| **M**waka **m**pya **u**naanza vizuri. | 새해가 좋게 시작되었다.(-anza 시작하다) |
| **Mi**kate **i**nanukia vizuri. | 빵들이 좋은 냄새를 풍긴다.(-nukia 냄새 나다) |
| **M**kono **u**nauma sana. | 팔이 매우 아프다.(-uma 아프다) |
| Anachukua **mi**zigo **mi**zito **mi**wili. | 그는 무거운 짐 두 개를 운반한다. |
| **Mi**gomba **i**le **i**lianguka jana. | 어제 저 바나나무들이 쓰러졌다.(-anguka 쓰러지다) |

**3**단계

### 표현 따라하기

## 1. 전화 걸다

| | |
| --- | --- |
| Nilipiga simu jana.<br>니리피가 시무 자나 | 내가 어제 전화를 걸었다. |
| Sikuweza kupata simu yako.<br>시쿠웨자 쿠파타 시무 야코 | 나는 당신의 전화를 받지 못했습니다. |
| Nitakupigia simu kesho.<br>니타쿠피기아 시무 케쇼 | 내가 당신에게 내일 전화 걸 예정입니다.<br>(-pigia (-pigia의 지향형 동사)) |
| Sawa tu, kwa heri!<br>사와 투 꾸아 헤리 | 좋을 따름입니다. 안녕히 가세요. |
| Anapiga simu, kuwekesha chumba.<br>아나피가 시무 쿠웨케샤 춤바 | 그가 객실을 예약하기 위해 전화 걸고 있습니다. |

Utanipigia simu? 당신은 나에게 전화할 것입니까?
우타니피기아  시무

Ndiyo, nitakupigia simu wiki ijayo.
은디요  니타쿠피기아  시무  위키  이자요

그렇습니다. 내가 다음 주 당신에게 전화할 것입니다.

## 2. 기다리세요!

Ngoja! 기다려라!
응고자

Hebu, subiri kidogo! 조금만 기다려 주십시오.
헤부  수비리  키도고

ningoje! 나를 기다려 주세요.
니응고제

mngoje! 그를 기다려 주세요.
음응고제

Unaweza kuningojea? 당신은 나를 기다려 줄 수 있습니까?
우나웨자  쿠니응고제아

Ndiyo, lakini hebu fanya haraka. 그렇습니다만, 빨리 해 주세요.
은디요  라키니  헤부  파냐  하라카

## 3. 어디 있지요?

Uko wapi? 당신은 어디 있습니까?
우코  와피

Niko nyumbani. 나는 집에 있습니다.
니코  늄바니

Nyumba yako iko wapi? 당신의 집은 어디 있습니까?
늄바  야코  이코  와피

Nyumba yangu iko Nairobi. 나의 집은 나이로비에 있습니다.
늄바  양구  이코  나이로비

| Shule yake iko wapi? | 그의 학교는 어디 있습니까? |
| 슐레 야케 이코 와피 | |
| Shule yake iko Mombasa. | 그의 학교는 몸바사에 있습니다. |
| 슐레 야케 이코 몸바사 | |

| Mwalimu yuko wapi? | 선생님은 어디 계시냐? |
| 음왈리무 유코 와피 | |
| Sijui. | 저는 모르겠습니다. |
| 시주이 | |

## 4. 도와드리겠습니다.

| Nisaidie. | 제가 도와드리겠습니다. |
| 니사이디에 | |

| Asante sana. | 정말 감사합니다. |
| 아산테 사나 | |

| Atakusaidia. | 그가 당신을 도와드릴 것입니다. |
| 아타쿠사이디아 | |

| Watakusaidia. | 그들이 당신을 도와드릴 것입니다. |
| 와타쿠사이디아 | |

**4**단계

## 문제 풀기

1. 제시된 명사를 고려하여 괄호 안 수식어의 알맞은 형태를 쓰시오.

1) mti          _____ (-kubwa)
2) miti         _____ (-ingi)
3) mikono       _____ (-ingine)
4) mgomba       _____ (-moja)
5) mifuko       _____ (-dogo)

6) mwaka _____ (-pya)

---

1) mkubwa, 2) mingi, 3) mingine, 4) mmoja, 5) midogo, 6) mpya

## 2. 해석을 참고하여 빈 칸에 알맞은 주격전철을 넣으시오.

1) Miti __meanguka.            나무들이 쓰러졌다.
2) mkono __mevunjika.          손이 부러졌다.
3) Mwezi wa sita __naanza.     6월이 시작되었다.
4) Mikate __nanukia vizuri.    빵들이 좋은 냄새를 풍긴다.

---

1) i, 2) u, 3) u, 4) i

## 3. 한국어로 해석하시오.

1) Sikuweza kupata simu yako.
   _____

2) Mchukuzi atakuonyesha chumba chako.
   _____

3) Mwalimu yuko wapi?
   _____

4) Nitakupigia simu wiki ijayo.
   _____

5) Anachukua mizigo mizito miwili.
   _____

---

1) 나는 당신의 전화를 받을 수 없었습니다.
2) 포터가 당신에게 방을 보여줄 것입니다(객실로 안내할 것입니다).
3) 선생님은 어디 계시나요?
4) 다음 주에 내가 당신에게 전화를 걸겠습니다.
5) 그는 무거운 짐 두 개를 운반하고 있습니다.

## 4. 스와힐리어로 작문하시오.

1) 당신은 나를 기다려 줄 수 있습니까?
   _____.

2) 나는 집에 있습니다.
　　_____.

3) 내가 어제 객실을 예약하기위해 전화를 했었습니다.
　　_____.

4) 제가 짐 나르는 것을 도와드리겠습니다.
　　_____.

5) 팔이 매우 아픕니다.
　　_____.

- - - - - - - - - - - - - - - - - - - - - - - - - - - - - - - - - - - - - - - -

1) Unaweza kuningojea?
2) Niko nyumbani.
3) Nilipiga simu jana, kuwekesha chumba.
4) Nisaidie kuchukua mzigo.
5) Mkono unauma sana.

## Somo la 9

# Kuonyesha chumba
## 객실 안내하기

포터의 안내로 객실에 도착한 지호와 미나는 포터로부터 객실에 대한 설명을 듣는다.

포터 : Hapa ni chumba chenu. Karibuni!
하파 니 츔바 체누 카리부니

(각각의 스위치를 가리키며) Swichi hii yawasha taa ya chumba.
스위치 히 야와샤 타 야 츔바

Swichi hii yawasha taa ya maliwato.
스위치 히 야와샤 타 야 말리와토

미나 : Maliwato iko wapi?
말리와토 이코 와피

포터 : (화장실 문을 열며) Ipo bafu na choo. Kila kitu safi.
이포 바푸 나 쵸오 킬라 키투 사피

지호 : Tunaweza kupata maji moto ya kuoga?
투나웨자 쿠파타 마지 모토 야 쿠오가

포터 : Ndiyo. Kuna taulo kubwa mbili ndani ya maliwato.
은디요 쿠나 타울로 쿠브와 음빌리 은다니 야 말리와토

Kama ukihitaji zaidi niambie.
카마 우키히타지 자이디 니암비에

미나 : Zinatosha.
지나토샤

포터 : Kuna vitanda viwili hapa. Hamtasikia baridi, siyo?
쿠나 비탄다 비윌리 하파 하음타시키아 바리디 시요

Naweza kuwaletea mablanketi zaidi.
나웨자 쿠와레테아 마블랑케티 자이디

지호 : Hatutahitaji mablanketi mengine. Siku zote nasikia joto tu!
하투타히타지 마블랑케티 멩기네 시쿠 조테 나시키아 조토 투

포터 : Ndiyo. Basi, kila kitu kiko tayari, mpumzike tu.
은디요 바시 킬라 키투 키코 타야리 음품지케 투

지호, 미나 : Asante!
아산테

포터 : 여기가 당신들의 객실입니다.
　　　　이 스위치는 객실 등을 켜고, 이 스위치는 화장실 등을 켭니다.
미나 : 화장실은 어디 있나요?
포터 : 이곳에 욕조와 변기가 있습니다. 모든 것이 깨끗합니다.
지호 : 뜨거운 목욕물이 나옵니까?(우리가 뜨거운 목욕물을 얻을 수 있나요)
포터 : 그렇습니다. 화장실 안에 큰 타월이 두 개 있습니다.
　　　　만약 더 필요하시면 제게 말씀하세요.
미나 : 충분합니다.
포터 : 여기 침대가 두 개 있습니다. 당신들은 추위를 느끼시지는 않겠지요, 그렇지요? 제가 담요를 더 갖다드릴 수 있습니다.
지호 : 우리는 여분의 담요가 필요하지 않습니다. 항상 더위만을 느낄 뿐인걸요.
포터 : 알겠습니다. 그렇다면 모든 것이 준비되어 있습니다. 푹 쉬시기만 하십시오.
지호, 미나 : 감사합니다.

## 1단계

### 단어 익히기

- -enu　　　　너희들의, 당신들의(소유대명사)
- -washa　　　(불을) 지피다, (등을) 켜다
- taa　　　　　등
- maliwato　　화장실
- bafu　　　　욕조, 욕실
- choo　　　　변기, 화장실
- maji　　　　물
- moto　　　　뜨거운
- -oga　　　　목욕하다, 샤워하다
- taulo　　　　타월
- ndani　　　　~ 안에
- -ambia　　　말하다
- -tosha　　　충분하다
- vitanda　　　침대들(단수 kitanda)
- -sikia　　　　듣다, 느끼다

- baridi 추위
- mablanketi 담요들(단수 blanketi)
- -ingine 다른
- -ote 모든
- joto 더위
- kila 각각의
- kitu 물건
- tayari 준비된
- -pumzika 쉬다

**2단계**

## 문법 따라잡기

### 1. 현재 미한정 시제(present indefinite tense) {a}

현재 미한정 시제 {a}는 습관적 행위나 과학적 진리와 같이 어느 특정한 시점과 관계없는 행위를 나타내기 위해서 쓰인다.

ni + a + soma = Nasoma      나는 공부한다.

단음절 동사의 경우 현재 한정시제에서처럼 'ku'가 추가되지 않는다.

a + a + ja = Aja      그는 온다.

현재 미한정시제의 부정은 현재 한정시제의 부정과 같은 형태를 취한다.

si + somi = Sisomi.      나는 공부하지 않는다.

Wafanya kazi gani?      너는 무슨 일을 하느냐?
Nafundisha Kifaransa.      나는 불어를 가르친다.(Kifaransa 불어)
Mama apika kila siku.      어머니는 매일 요리를 하신다.
Watu walala usiku.      사람들은 밤에 잔다.
Ng'ombe wala majani.      소는 잎을 먹는다.

Wanyama waogopa moto.    동물들은 불을 무서워한다.(-ogopa 무서워하다)
Kipofu haoni kitu.    장님들은 보지 못한다.
Sijui Kiswahili.    나는 스와힐리어를 모른다.

## 3단계

### 표현 따라하기

### 1. 여기는 ~입니다.

Hapa ni nyumba yangu.    여기가 나의 집입니다.
하파 니 늄바 양구

Hapa ni shule yangu.    여기가 나의 학교입니다.
하파 니 슐레 양구

Hapa ni wapi?    여기가 어디입니까?
하파 니 와피

Hapa ni Kisumu.    여기는 키수무입니다.
하파 니 키수무

### 2. ~을 얻을 수 있을까요?

Tunaweza kupata taulo nyingine?    우리가 다른 타월을 얻을 수 있을까요?
투나웨자 쿠파타 타울로 닝기네

Ndiyo, nitakupeleka mara moja.    그렇습니다. 내가 당신에게 바로 보내
은디요 니타쿠펠레카 마라 모자    드리겠습니다.

Naweza kupata maji ya kunywa?    내가 마실 물 좀 얻을 수 있을까요?
나웨자 쿠파타 마지 야 쿠뉴와

Ndiyo, nitakuletea.    그렇습니다. 제가 당신께 갖다드리지요.
은디요 니타쿠레테아

Naweza kupata wali zaidi?    내가 밥을 좀 더 얻을 수 있을까요?
나웨자 쿠파타 왈리 자이디

Ndiyo, hebu lete sahani yako.  그렇습니다. 당신의 접시를 가지고 오세요.
은디요  헤부  레테  사하니  야코

## 3. ~이 필요합니다.

Nahitaji mablanketi zaidi.  나는 담요가 더 필요합니다.
나히타지  마블랑케티  자이디

Hakuna shida, nitakuletea.  문제없습니다. 제가 당신께 갖다 드리지요.
하쿠나  쉬다  나타쿠레테아

Tunahitaji kijiko kimoja zaidi.  우리는 숟가락 하나가 더 필요합니다.
투나히타지  키지코  키모자  자이디

Nitawaletea.  제가 당신들께 갖다 드리지요.
나타와레테아

## 4. 준비되었습니다.

Kila kitu kiko tayari.  모든 것이 준비되었습니다.
킬라  키투  키코  타야리

Asante sana.  매우 고맙습니다.
아산테  사나

Chakula chenu kiko tayari.  당신들의 음식이 준비되었습니다.
챠쿨라  체누  키코  타야리

Uko tayari?  당신 준비되었나요?
우코  타야리

Niko tayari.  나는 준비되었습니다.
니코  타야리

## 4단계

### 문제 풀기

**1. 주어진 동사기본형과 해석을 참고하여 동사부를 완성하시오.**

1) _____ kazi gani?　　　당신은 무슨 일을 하십니까?(-fanya)
2) Wanyama _____ moto.　동물들은 불을 무서워한다(-ogopa)
3) Mimi _____ chai kila siku. 나는 매일 차를 마신다.(-nywa)
4) _____ Kiswahili.　　　당신은 스와힐리어를 공부한다.(-soma)

---

　　1) Wafanya, 2) waogopa, 3) nakunywa, 4) Wasoma


**2. 제시된 문장의 부정문을 쓰시오.**

1) Mtu alala usiku.　　　　　　　_____
2) Watoto wapenda mchezo wa mpira.　_____
3) Wajua Kiswahili.　　　　　　_____
4) Ng'ombe wala majani.　　　　_____

---

　　1) Matu halali usiku.
　　2) Watoto hawapendi mchezo wa mpira.
　　3) Hujui Kiswahili., Hawajui Kiswahili.
　　4) Ng'ombe hawali majani.

**3. 한국어로 해석 하시오.**

1) Swichi hii yawasha taa ya chumba.
　_____

2) Tunahitaji vijiko viwili zaidi.
　_____

3) Tunaweza kupata maji moto ya kuoga?
　_____

4) Hamtasikia baridi, siyo?
_____

5) Ng'ombe waogopa simba.
_____

---

1) 이 스위치는 객실 등을 켭니다.
2) 우리는 숟가락 두 개가 더 필요합니다.
3) 우리가 따뜻한 목욕물을 얻을 수 있습니까?(따뜻한 목욕물이 나오나요?)
4) 당신들은 추위를 느끼지 않을 것입니다, 그렇지요?
5) 소들은 사자를 무서워한다.

## 4. 스와힐리어로 작문하시오.

1) 내가 마실 물 좀 얻을 수 있을까요?
_____

2) 장님들은 보지 못한다.
_____

3) 여기가 당신들의 객실입니다.
_____

4) 항상 더위만 느낄 뿐입니다.
_____

5) 모든 것이 준비되었다.
_____

---

1) Naweza kupata maji ya kunywa.
2) Kipofu haoni kitu.
3) Hapa ni chumba chenu.
4) Siku zote nasikia joto tu.
5) Kila kitu kiko tayari.

# Kununua matunda
## 과일 구입하기

몸바사에 머물고 있는 지호와 미나는 과일을 사러 시장에 갔다.

지호 : Unahitaji matunda gani leo?
우나히타지 마툰다 가니 레오

미나 : Nahitaji machungwa na mapapai. Nitatengeneza saladi ya matunda.
나히타지 마츙그와 나 마파파이 니타텡게녜자 살라디 야 마툰다

지호 : (과일 가게를 가리키며) Haya, duka la matunda lipo pale.
하야 두카 라 마툰다 리포 팔레

상인 : Karibuni! Kuna matunda mabichi mengi.
카리부니 쿠나 마툰다 마비치 멩기

미나 : Machungwa haya bei gani leo?
마츙그와 하야 베이 가니 레오

상인 : (각각의 오렌지 무더기를 가리키며) Madogo haya shilingi ishirini ishirini,
마도고 하야 쉴링기 이쉬리니 이쉬리니

makubwa haya thelathini.
마쿠브와 하야 뗄라띠니

미나 : Bei ghali sana! Punguza bei, nahitaji mengi.
베이 갈리 사나 풍구자 베이 나히타지 멩기

상인 : Unataka mangapi?
우나타카 마응가피

미나 : Naomba ishirini.
나옴바 이쉬리니

상인 : Basi, chukua madogo haya kwa shilingi kumi na tano.
바시 츄쿠아 마도고 하야 꾸아 쉴링기 쿠미 나 타노

미나 : Vizuri. (파파야를 가리키며) Je, pesa ngapi kwa papai hili?
비주리 제, 페사 응가피 꾸아 파파이 힐리

상인 : Papai hili ni shilingi arobaini.
파파이 힐리 니 쉴링기 아로바이니

미나 : Kwa nini ghali hivi?
　　　 꾸아　니니　갈리　히비

상인 : Siyo ghali, ndiyo bei yake,
　　　 시요　갈리　은디요　베이　야케

　　　 lakini nitakufanyia shiling thelathini na tano.
　　　 라키니　나타쿠파니아　쉴링기　뗄라띠니　나　타노

미나 : Haya, asante.
　　　 하야　아산테

상인 : Hutanunua matunda mengine?
　　　 후타누누아　마툰다　멩기네

미나 : Sihitaji mengine. Haya yanatosha. Kwa heri.
　　　 시히타지　멩기네　하야　야나토샤　꾸와　헤리

상인 : Kwa herini.
　　　 꾸아　헤리니

지호 : 당신 오늘 어떤 과일들이 필요한가?
미나 : 나는 오렌지와 파파야가 필요합니다. 나는 과일 샐러드를 만들 것입니다.
지호 : (과일 가게를 가리키며) 좋아 과일 가게가 저기 있군.
상인 : 어서오십시오! 싱싱한 과일들이 많이 있습니다.
미나 : 이 오렌지들 오늘 얼마인가요?
상인 : (각각의 오렌지 무더기를 가리키며) 이 작은 것들은 하나에 20실링씩이고, 이 큰 것들은 30실링씩입니다.
미나 : 가격이 너무 비쌉니다! 값을 깍아주세요, 나는 많이 살 것입니다.
상인 : 당신은 몇 개를 원하십니까?
미나 : 20개를 부탁합니다.
상인 : 그렇다면 이 작은 것들을 하나에 15실링씩 가져 가세요.
미나 : (파파야를 가리키며) 좋습니다. 이 파파야는 얼마입니까?
상인 : 이 파파야는 40실링입니다.
미나 : 왜 이렇게 비싼 것입니까?
상인 : 비싸지 않습니다. 제 가격인걸요, 하지만 내가 당신께 35실링에 해드리지요.
미나 : 좋습니다. 고맙습니다.
상인 : 다른 과일들은 안 사실 것입니까?
미나 : 나는 다른 것들은 필요하지 않습니다. 이것들로 충분합니다.
상인 : 안녕히들 가세요.

**1단계**

### 단어 익히기

- matunda          과일들(단수 tunda)
- machungwa        오렌지들(단수 chungwa)
- mapapai          파파야(단수 papai)
- -tengeneza       만들다, 제조하다, 요리하다
- saladi           샐러드
- duka             가게
- -bichi           익은, 싱싱한
- bei              가격
- ghali            비싼
- -punguza         줄이다, 감소시키다
- -omba            원하다, 요청하다
- arobaini         40
- -fanyia          ~에게 해주다(-fanya의 지향형)
- -nunua           사다

**2단계**

### 문법 따라잡기

## 1. ji/ma 부류

직업명, 신체부분, 과일명, 액체, 친족명칭 등등 다양한 종류의 명사가 ji/ma 부류에 속한다. 이 명사부류의 속하는 명사들 대부분이 단수형에서 부류접사 'ji-'가 붙지 않으며, 복수형만 존재하는 명사도 많이 있다.

### 1) 단수형에서 부류접사 'ji-'를 취하는 명사

|   | 단수 | 복수 |
|---|------|------|
| 눈 | jicho | macho |

| 일 | jambo | mambo |
| 화로 | jiko | meko |
| 돌 | jiwe | mawe |
| 이 | jino | meno |

### 2) 복수형만 존재하는 명사

| 재 | majivu |
| 기름 | mafuta |
| 물 | maji |
| 우유 | maziwa |

### 3) 제조된 사물

| | 단수 | 복수 |
|---|---|---|
| 담요 | blanketi | mablanketi |
| 창문 | dirisha | madirisha |
| 자동차 | gari | magari |
| 신문 | gazeti | magazeti |
| 매트리스 | godoro | magodoro |
| 상자 | sanduku | masanduku |

### 4) 과일

| | 단수 | 복수 |
|---|---|---|
| 오렌지 | chungwa | machungwa |
| 망고 | embe | maembe |
| 파인애플 | nanasi | mananasi |
| 파파야 | papai | mapapai |
| 과일 | tunda | matunda |

### 5) 건축물 또는 장소

| | 단수 | 복수 |
|---|---|---|
| 베란다 | baraza | mabaraza |
| 다리 | daraja | madaraja |

| 상점 | duka | maduka |
| 관목숲 | pori | mapori |
| 농장 | shamba | mashamba |
| 시장 | soko | masoko |

### 6) 직업명 또는 친족명

| | 단수 | 복수 |
|---|---|---|
| 기술자 | fundi | mafundi |
| 서기, 점원 | karani | makarani |
| 대통령 | rais | marais |
| 목수 | seremala | maseremala |
| 고모 | shangazi | mashangazi |
| 장관 | waziri | mawaziri |

### 7) 신체부위

| | 단수 | 복수 |
|---|---|---|
| 어깨 | bega | mabega |
| 무릎 | goti | magoti |
| 귀 | sikio | masikio |
| 배, 위 | tumbo | matumbo |

### 8) 추상적 개념

| | 단수 | 복수 |
|---|---|---|
| 실수 | kosa | makosa |
| 충고 | shauri | mashauri |
| 공부 | somo | masomo |
| 생각 | wazo | mawazo |
| 대화 | zungumzo | mazungumzo |

※ 원래 다른 부류에 속해있던 명사가 ji/ma 부류의 명사로 변한 경우, 더 큰 것을 의미한다.

|      |      |   |       | 단수    | 복수     |
|------|------|---|-------|--------|---------|
| mtu    | 사람 | → | 거인   | jitu   | majitu   |
| nyoka  | 뱀   | → | 큰 뱀  | joka   | majoka   |
| nyumba | 집   | → | 빌딩   | jumba  | majumba  |

※ ji/ma 부류 명사 중 사람을 의미하는 명사는 m/wa 부류 명사와 같은 형용사 호응을 취한다.

Karani **m**zuri  좋은 점원
Makarani **wa**zuri  좋은 점원들
Yule bwana **m**kubwa  저 큰 신사
Wale mabwana **wa**kubwa  저 큰 신사들

Nenda dukani ununue **ma**ziwa!
가게에 가서 우유를 사오세요.
Mama anakwenda **ji**koni kupika chakula.
어머니는 음식을 요리하러 부엌에 가고 있다.
Watoto wapenda kula **ma**embe **ma**bichi.
아이들은 덜 익은 망고 먹는 것을 좋아한다.
**Ma**seremala **wa**nafanya kazi barazani.
목수들이 베란다에서 일하고 있다.
Leo sokoni, **ma**chungwa ni ghali kuliko **ma**embe.
오늘 시장에서 오렌지가 망고보다 비싸다.
Ninahitaji blanketi safi na godoro **ji**pya.
나는 깨끗한 담요와 새 매트리스를 원한다.

## 3단계

### 표현 따라하기

**1. ~이 저기 있습니다.**

Duka la matunda lipo pale.  과일 가게가 저기 있습니다.
두카 라 마툰다 리포 팔레.

Twende kununua matunda  과일 사러 갑시다.
투웬데  쿠누누아  마툰다

Choo kipo pale.  화장실이 저기 있습니다.
쵸오  키포  팔레

Asante sana.  매우 감사합니다.
아산테  사나

Nataka kupeleka barua.  나는 편지를 붙이고 싶습니다.
나타카  쿠펠레카  바루아

Posta ipo pale.  우체국이 저기 있습니다.
포스타  이포  팔레

Nina njaa.  나는 배가 고픕니다.
니나  은자아

Hoteli ipo pale.  식당이 저기 있습니다.
호텔리  이포  팔레

## 2. 몇 개를 원하십니까?

Unataka matunda mangapi?  당신은 과일 몇 개를 원하십니까?
우나타카  마툰다  마응가피

Nataka matatu.  나는 세 개를 원합니다.
나타카  마타투

Unataka tikiti ngapi?  당신은 표 몇 개를 원하십니까?
우나타카  티키티  응가피

Nataka moja tu.  하나를 원할 뿐입니다.
나타카  모자  투

Mnataka wafanyakazi wangapi?
음나타카  와파냐카지  와응가피
당신들은 일꾼 몇 사람을 원하십니까?

Tunataka wanne.  우리는 네 사람을 원합니다.
투나타카  와은네

## 3. 값을 깎아주세요.

Hebu punguza bei! 가격을 깎아 주세요.
헤부 풍구자 베이

Siwezi. 못합니다.
시웨지

Punguza bei! Nitanunua mengi. 가격을 깎아 주세요. 나는 많이 살 것입
풍구자 베이 니타누누아 멩기 니다.

Haya. 좋습니다.
하야

Nifanyie bei mzuri. 내게 좋은 가격으로 해주세요.
니파니에 베이 음주리

Haya, nitakufanyia shilingi ishirini.
하야 나타쿠파니아 쉴링기 이쉬리니

좋습니다. 제가 당신께 20실링에 해드리지요.

## 4. 더 필요한 것은 없으십니까?

Unahitaji matunda mengine? 당신은 다른 과일들이 필요합니까?
우나히타지 마툰다 멩기네

Sihitaji mengine. 나는 다른 것이 필요 없습니다.
시히타지 멩기네

Hutanunua kitu kingine? 다른 것은 안 사십니까?
후타누누아 키투 킹기네

Nitanunua kitanda kimoja zaidi. 나는 침대를 하나 더 살 것입니다.
니타누누아 키탄다 키모자 자이디

Unahitaji maji zaidi? 당신은 물이 더 필요하십니까?
우나히타지 마지 자이디

Sihitaji. Haya yanatosha. 나는 필요하지 않습니다. 이것으로 충분
시히타지 하야 야나토샤 합니다.

85

### 4단계

## 문제 풀기

### 1. 제시된 명사를 고려하여 괄호 안 수식어의 알맞은 형태를 쓰시오.

1) jambo _____ (-kubwa)
2) maji _____ (-ingi)
3) mawe _____ (-ingine)
4) sikio _____ (-moja)
5) mabwana _____ (-dogo)
6) matunda _____ (-pya)

---

1) kubwa, 2) mengi, 3) mengine, 4) moja, 5) wadogo, 6) mapya

### 2. 해석을 참고하여 빈 칸에 알맞은 주격전철을 넣으시오.

1) Macho yake ___ mefunguka.  그의 눈은 뜨여있었다.
2) Gari ___ mevunjika.  차가 부서졌다.
3) Maji ___ nachemka.  물이 끓고 있다.
4) Mafundi ___ nakwenda kazini.  기술자들이 일터로 가고 있다.

---

1) ya, 2) li, 3) ya, 4) wa

### 3. 한국어로 해석하시오.

1) Nitakufanyia shiling thelathini na tano.
   _____

2) Hutanunua gari langu?
   _____

3) Duka la matunda lipo pale.
   _____

4) Mama anakwenda jikoni kupika chakula.
   _____

5) Watoto wapenda kula maembe mabichi.
_____

---

1) 내가 당신에게 35실링에 해드리겠습니다.
2) 당신은 내 차를 안 사실 것입니까?
3) 과일 가게가 저기 있습니다.
4) 어머니는 음식을 요리하기 위해 부엌으로 가고 계십니다.
5) 아이들은 덜 익은 망고 먹기를 좋아합니다.

## 4. 스와힐리어로 작문하시오.

1) 당신은 표 몇 장을 원하십니까?
_____

2) 내게 좋은 가격으로 해주십시오.
_____

3) 오늘 시장에서 오렌지가 망고보다 비싸다.
_____

4) 이 파파야는 얼마입니까?
_____

5) 이 과일들로 충분합니다.
_____

---

1) Unataka tikiti ngapi?
2) Nifanyie bei mzuri.
3) Leo sokoni, machungwa ni ghali kuliko maembe.
4) Je, pesa ngapi kwa papai hili?
5) Matunda haya yanatosha.

# Katika duka la nguo
옷가게에서

지호와 미나는 계속해서 시장을 구경한다.

지호 : Mfuko huu umejaa na matunda mengi.
움푸코 후우 우메자아 나 마툰다 멩기

Mzito sana! Turudi kwa hoteli.
음지토 사나 투루디 꾸아 호텔리

미나 : Haya, pale pembeni kuna duka la nguo.
하야 팔레 펨베니 쿠나 두카 라 응구오

Twende kwa duka lile, halafu turudi.
투웬데 꾸아 두카 릴레 할라푸 투루디

지호와 미나는 옷 가게에 들어가서 옷을 고른다.

미나 : (옷 한 벌을 가리키며) Unapenda nguo hii?
우나펜다 응구오 히이

지호 : Napenda nakshi yake, lakini sipendi rangi nyekundu.
나펜다 낙쉬 야케 라키니 시펜디 랑기 은예쿤두

미나 : Unapenda rangi gani?
우나펜다 랑기 가니

지호 : Napenda rangi ya kijani na buluu.
나펜다 랑기 야 키자니 나 불루

이때 점원이 지호와 미나에게 다가와 말을 건넨다.

점원 : Mnatafuta nguo ya namna gani, suruali, shati, koti?
음나타푸타 응구오 야 나음나 가니 수루알리 샤티 코티

미나 : (셔츠 한 벌을 가리키며) Shati hili ni pesa ngapi?
샤티 힐리 니 페사 응가피

점원 : Hili ni shilingi mia nne.
힐리 니 쉴링기 미아 은네

미나 : (지호에게) Unapenda shati hili?
우나펜다 샤티 힐리

지호 : Sipendi mtindo huu.
시펜디 음틴도 후우

Mikono ni myembamba sana. Tena, ni ghali.
미코노 니 음엠바바 사나 테나 니 갈리

미나 : Sawa. (점원에게) Tutarudi baadaye.
사와 투타루디 바아다예

지호 : 이 가방은 많은 과일로 가득 찼어. 너무 무거워!
우리 호텔로 돌아가지.
미나 : 좋아요, 저기 모퉁이에 옷가게가 있어요.
저 가게로 가요, 그 다음에 돌아가지요.

지호와 미나는 옷 가게에 들어가서 옷을 고른다.

미나 : (옷 한 벌을 가리키며) 당신은 이 옷이 마음에 드나요?
지호 : 모양은 좋은데, 빨간색은 별로군.
미나 : 당신은 어떤 색이 좋은가요?
지호 : 나는 초록색이나 파란색이 좋아.

이때 점원이 지호와 미나에게 다가와 말을 건넨다.

점원 : 당신들은 어떤 종류의 옷을 찾고 계십니까?
바지, 셔츠, 저고리?
미나 : (셔츠 한 벌을 가리키며) 이 셔츠는 얼마인가요?
점원 : 이것은 400실링입니다.
미나 : (지호에게) 당신 이 셔츠가 마음에 드세요?
지호 : 이 스타일이 마음이 들지 않아. 소매가 너무 얇아. 그리고 비싸잖아.
미나 : (점원에게) 좋아요. 우리 다음에 다시 오겠습니다.

## 1단계

### 단어 익히기

- mfuko     가방
- -jaa      가득 차다
- -zito     무거운, 진한
- -rudi     돌아가다
- pembeni   구석, 코너

- nguo 옷
- nakshi 무늬
- rangi 색
- -ekundu 빨간색
- kijani 녹색
- buluu 파란색
- -tafuta 찾다
- namna 종류
- suruali 바지
- shati 셔츠
- koti 외투
- mtindo 스타일
- mikono 손들(단수 mkono)
- -embamba 좁은, 마른
- tena 다시
- baadaye 다음에

**2** 단계

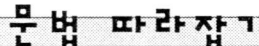

## 1. 형용사

스와힐리어에서 형용사는 수식하는 명사 뒤에 위치한다. 형용사 중에서는 수식하는 명사의 부류에 따라 호응접사가 형용사 어근 앞에 붙는 것이 있고, 호응접사가 붙지 않고 쓰이는 것이 있다.

형용사 어근에 붙는 호응접사는 부류접사와 동일한 경우가 대부분이지만, 형용사 어근이 모음으로 시작하는 경우 발음상의 편의를 위해 호응접사의 형태가 변형되는 예가 있다.

### 1) 형용사 어근이 자음으로 시작하는 경우

| | | | |
|---|---|---|---|
| -baya | 나쁜 | -bichi | 덜 익은, 날것의 |
| -bovu | 썩은 | -chafu | 더러운 |
| -pya | 새로운 | -dogo | 작은, 어린 |
| -fupi | 짧은 | -gumu | 어려운 |
| -kali | 사나운, 날카로운 | -zito | 무거운, 진한 |
| -zuri | 좋은, 예쁜 | -kubwa | 큰 |

⎡ mtoto **m**dogo　　　　작은 아이
⎣ watoto **wa**dogo　　　작은 아이들
⎡ mti **m**refu　　　　　높은 나무
⎣ miti **mi**refu　　　　높은 나무들
⎡ tunda **ji**pya　　　　새 과일
⎣ matunda **ma**pya　　　새 과일들
⎡ chakula **ki**baya　　　나쁜 음식
⎣ vyakula **vi**baya　　　나쁜 음식들
⎡ nguo fupi　　　　　　짧은 옷
⎣ nguo fupi　　　　　　짧은 옷들
⎡ uso **m**zuri　　　　　예쁜 얼굴
⎣ nyuso **n**zuri　　　　예쁜 얼굴들
— kusoma **ku**zuri　　　좋은 공부

※ 형용사가 ji 부류 명사를 수식할 경우 호응접사가 오지 않는 것이 원칙이나 -pya의 경우에만 'jipya'와 같이 호응접사가 붙는다.

※ n 부류 명사의 형용사 호응
　형용사 어근이 d, g, z로 시작하는 경우에는 'n-'이 호응접사로 실현된다.
　ndizi **n**dogo　　　　작은 바나나
　kazi **n**gumu　　　　힘든 일
　habari **n**zuri　　　좋은 소식

　형용사 어근이 b, p로 시작하는 경우에는 'm-'이 호응접사로 실현된다.
　ndizi **m**baya　　　　나쁜 바나나

kazi m**p**ya					새로운 일

형용사 어근이 그 외의 자음으로 시작되는 경우에는 '-refu'만 제외하고 호응 접사가 붙지 않는다.
safari **nd**efu				긴 여행

## 2) 형용사 어근이 모음으로 시작하는 경우

-aminifu   정직한          -ekundu    빨간
-ema       좋은            -embamba   날씬한, 가는
-epesi     가벼운, 쉬운    -eupe      흰
-ingi      많은            -ingine    다른

mtu **mw**aminifu			정직한 사람
mtoto **mw**ema			착한 아이
mtoto **mw**ingine			다른 아이
watu **wa**minifu			정직한 사람들
watoto **we**ma			착한 아이들
watoto **we**ngine			다른 아이들

mti **mw**eusi				검은 나무(A dark tree)
mkate **mw**ingine			다른 빵조각
miti **my**eusi				검은 나무들
mikate **mi**ngine			다른 빵조각들

jua **j**ekundu				붉은 태양
jua **j**ingi				다량의 햇빛
mabasi **me**kundu			빨간 버스
mabasi **me**ngine			다른 버스들

kiti **ch**eusi				검은 의자
chakula **ki**ngi			다량의 음식
viti **vy**eusi				검은 의자들
vyakula **vi**ngine			다른 음식들

| | |
|---|---|
| nguo **ny**eupe | 하얀 옷 |
| nguo **ny**ingine | 다른 옷들 |

※ 예외적으로 '-ema'의 경우 n 부류 명사와 호응할 때 'njema'가 된다.

| | |
|---|---|
| safari **nj**ema | 좋은, 안전한 여행 |

### 3) 호응접사가 붙지 않는 형용사

호응접사가 붙지 않는 형용사는 대부분 차용어이다. 이 중 몇몇 단어는 'maskini,' (가난한, 가난한 사람), 'tajiri' (부유한, 부자)와 같이 명사로도 쓰인다.

| | | | |
|---|---|---|---|
| bora | 더 나은 | manjano | 노란 |
| bure | 공짜의, 무용한 | ghali | 비싼 |
| muhimu | 중요한 | rahisi | 쉬운, 값싼 |
| rasmi | 공식적인 | sahihi | 정확한 |
| hodari | 용감한, 총명한 | imara | 힘센, 강직한 |
| tayari | 준비된 | kweli | 진실된, 진짜의 |
| laini | 부드러운 | wazi | 열린, 명백한 |
| safi | 깨끗한 | maalum | 특별한 |

| | |
|---|---|
| bwana tajiri | 부유한 신사 |
| mtoto maskini | 가난한 아이 |
| kazi bure | 헛된 일 |
| safari rasmi | 공식적인 여행 |
| wanafunzi hodari | 용감한, 총명한 학생들 |
| mambo muhimu | 중요한 문제들 |
| Chakula tayari | 음식이 준비되었다. |
| Mlango ni wazi | 문이 열려 있다. |

### 4) 비교의 의미를 지닌 표현

스와힐리어에서 비교를 지닌 의미를 표현할 때는 '~보다'의 뜻을 지닌 'kuliko,' 'kuzidi,' 'kupita,' 'kushinda' 등이 쓰인다.

Ali ni mrefu **kuliko** Juma.  알리는 주마보다 크다.
Nguo yangu ni safi **kupita** yako.
　　　　　　　　　　　　내 옷은 네 것보다 깨끗하다.
Abdallah ni hodari **kushind**a Omari.
　　　　　　　　　　　　압둘라는 오마리보다 총명하다.
Zanzibar ni mji mzuri **kuzidi** Moshi.
　　　　　　　　　　　　잔지바르는 모시보다 좋은 도시이다.

**3**단계

### 표현 따라하기

## 1. 우리 ~로 돌아갑시다.

Turudi kwa hoteli.  우리 호텔로 돌아갑시다.
　투루디　꾸아　호텔리

Haya, nimechoka sana.  좋습니다. 나는 매우 피곤합니다.
　하야　　니메쵸카　사나

Turudi kwa nyumba yetu.  우리 집으로 돌아갑시다.
　투루디　꾸아　늄바　예투

Sawa, nina njaa.  좋습니다. 나는 배가 고픕니다.
　사와　니나　은자아

Turudi kwa shule.  우리 학교로 돌아갑시다.
　투루디　꾸아　슐레

Sitaki, nitacheza mpira zaidi.  싫습니다. 나는 공놀이 더 할 것입니다.
　시타키　나타체자　음피라　자이디

## 2. ~이 마음에 드나요?

Unapenda nguo hii?  당신 이 옷이 마음에 드나요?
　우나펜다　응구오　히이

Ndiyo, napenda hii.  그렇습니다. 이것이 마음에 듭니다.
　은디요,　나펜다　히이

Unapenda kitabu hiki? 당신 이 책이 마음에 드나요?
우나펜다 키타부 히키

Ndiyo, napenda mwandishi huyu.
은디요 나펜다 음완디쉬 후유

그렇습니다. 나는 이 작가를 좋아합니다. (mwandishi 작가, 글쓴이)

Unapenda chakula hiki? 당신은 이 음식이 마음에 드나요?
우나펜다 챠쿨라 히키

Ndiyo, niletee zaidi. 그렇습니다. 내게 더 갖다 주세요.
은디요 닐레테에 자이디

## 3. 어떤 종류의 물건을 찾고 있습니까?

Unatafuta nguo ya namna gani?
우나타푸타 응구오 야 나음나 가니

당신은 어떤 종류의 옷을 찾고 있습니까?

Ninatafuta koti. 나는 저고리를 찾고 있습니다.
니나타푸타 코티

Unatafuta kitu cha namna gani?
우나타푸타 키투 챠 나음나 가니

당신은 어떤 종류의 물건을 찾고 있습니까?

Ninatafuta kalamu. 나는 펜을 찾고 있습니다. (kalamu 펜)
니나타푸타 칼라무

Mnatafuta matunda ya namna gani?
음나타푸타 마툰다 야 나음나 가니

당신들은 어떤 종류의 과일들을 찾고 있습니까?

Tunatafuta ndizi na mananasi.
투나타푸타 은디지 나 마나나시

우리는 바나나와 파인애플을 찾고 있습니다.

### 4. 다음에 오겠습니다.

Tutarudi baadaye.　　　　　　우리 다음에 오겠습니다.
투타루디　바아다예

Haya, kwa herini.　　　　　　좋습니다. 안녕히들 가세요.
하야　꾸아　헤리니

Nitarudi baadaye.　　　　　　나는 다음에 오겠습니다.
니타루디　바아다예

Haya, kwa heri.　　　　　　　좋습니다. 안녕히 가세요.
하야　꾸아　헤리

**4단계**

## 문제 풀기

### 1. 제시된 명사를 고려하여 괄호 안 형용사의 알맞은 형태를 쓰시오.

1) watoto _____ (-ema)　　착한 아이들
2) miti _____ (-eusi)　　검은 나무들
3) mabasi _____ (-ekundu)　빨간 버스들
4) kiti _____ (-eupe)　　흰 의자

---

1) wema, 2) myeusi, 3) mekundu, 4) cheupe

### 2. 해석을 참고하여 알맞은 형용사를 쓰시오.

1) bwana _____　　부유한 신사
2) mtoto _____　　가난한 아이
3) safari _____　　공식적인 여행
4) mambo _____　　중요한 문제들
5) wanafunzi _____　　용감한, 총명한 학생들

---

1) tajiri, 2) maskini, 3) rasmi, 4) muhimu, 5) hodari

### 3. 한국어로 해석 하시오.

1) Napenda nakshi yake, lakini sipendi rangi nyekundu.
   _____

2) Unatafuta kitu cha namna gani?
   _____

3) Pale pembeni kuna duka la nguo.
   _____

4) Abdallah ni hodari kushinda Omari.
   _____

5) Nguo yangu ni safi kupita yako.
   _____

- - - - - - - - - - - - - - - - - - - - - - - - - - - - - - -

1) 나는 이것의 모양은 좋은데, 빨간 색이 싫습니다.
2) 당신은 어떤 종류의 물건을 찾고 있습니까?
3) 저기 모퉁이에 옷가게가 있다.
4) 압둘라는 오마리보다 총명하다.
5) 내 옷은 네 것보다 깨끗하다.

### 4. 스와힐리어로 작문하시오.

1) 우리 호텔로 돌아갑시다.
   _____

2) 당신은 이 음식이 마음에 드나요?
   _____

3) 알리는 주마보다 크다.
   _____

4) 우리 다음에 다시 오겠습니다.
   _____

5) 이 가방은 과일들로 가득 찼다.
   _____

- - - - - - - - - - - - - - - - - - - - - - - - - - - - - - -

1) Turudi kwa hoteli.
2) Unapenda chakula hiki?

3) Ali ni mrefu kuliko Juma.
4) Tutarudi baadaye.
5) Mfuko huu umejaa na matunda.

# Somo la 12

# Kuagiza chakula
## 음식 주문하기

몸바사에 머물고 있는 지호와 미나는 친구 붐비를 만나 식당으로 갔다.

지호 : Tukae wapi?
　　　투카에　와피

미나 : Tukae pale, karibu na dirisha.
　　　투카에　팔레　카리부　나　디리샤

그들 일행은 자리를 잡고 메뉴판을 살펴 본다.

붐비 : Je, mnapenda chakula gani?
　　　제　음나펜다　챠쿨라　가니

미나 : Mimi napenda wali na nyama.
　　　미미　나펜다　왈리　나　냐마

붐비 : Nyama gani? Kuna nyama ya mbuzi na ya ng'ombe.
　　　냐마　가니　쿠나　냐마　야　음부지　나　야　응옴베

지호 : Anapenda nyama ya mbuzi. Utakula nini?
　　　아나펜다　냐마　야　음부지　우타쿨라　니니

붐비 : Nataka kula biriani ya ng'ombe.
　　　나타카　쿨라　비리아니　야　응옴베

지호 : Biriani ni chakula gani?
　　　비리아니　니　챠쿨라　가니

붐비 : Ni wali kwa nyama, pamoja na viungo vingi.
　　　니　왈리　꾸아　냐마　파모자　나　비웅고　빙기

지호 : Haya, nitajaribu biriani.
　　　하야　니타자리부　비리아니

붐비 : (종업원을 향해) Tuletee biriani ya ng'ombe mbili na wali
　　　　　　　　　　　툴레테에　비리아니　야　응옴베　음빌리　나　왈리

na nyama ya mbuzi moja.
나　냐마　야　음부지　모자

지호 : 우리 어디에 앉을까요?
미나 : 우리 저기 앉아요, 창문 가까이에.

그들 일행은 자리를 잡고 메뉴판을 살펴 본다.

붐비 : 당신들은 어떤 음식을 좋아하나요?
미나 : 나는 밥과 고기를 좋아합니다.
붐비 : 어떤 고기입니까? 염소고기와 쇠고기가 있군요.
지호 : 그녀는 염소고기를 좋아합니다. 당신은 무엇을 먹을 것입니까?
붐비 : 나는 쇠고기 비리아니를 먹고 싶습니다.
지호 : 비리아니는 어떤 음식입니까?
붐비 : 많은 향신료가 들어간 밥과 고기입니다.
지호 : 좋습니다. 나는 비리아니를 먹어 볼 것입니다.
붐비 : (종업원을 향해) 우리에게 쇠고기 비리아니 두 그릇과 밥과 염소 고기 한 그릇 갖다 주세요.

## 1단계

### 단어 익히기

- -agiza       주문하다
- -kaa         앉다, 자리 잡다
- dirisha      창문
- mbuzi        염소
- biriani      비리아니(육류, 야채, 향신료가 들어간 볶음밥)
- viungo       향신료(단수 kiungo)
- -jaribu      시도하다, 노력하다

## 2단계

### 문법 따라잡기

### 1. ki/vi 부류

사물, 음식, 장소, 신체, 언어의 명칭 등등 다양한 종류의 명사가 ki/vi 부류에 속한다. 이 명사부류의 부류접사는 단수에서 'ki-,' 혹은 'ch-'이며 복수에서는 'vi-,' 혹은 'vy-'이다.

#### 1) 제조된 사물

|  | 단수 | 복수 |
|---|---|---|
| 식기, 기구 | chombo | vyombo |
| 철 | chuma | vyuma |
| 구두 | kiatu | viatu |
| 컵 | kikombe | vikombe |
| 거울 | kioo | vioo |
| 칼 | kisu | visu |
| 물건 | kitu | vitu |

#### 2) 음식, 자연의 산물

|  | 단수 | 복수 |
|---|---|---|
| 음식 | chakula | vyakula |
| 감자 | kiazi | viazi |
| 양파 | kitunguu | vitunguu |

#### 3) 장소

|  | 단수 | 복수 |
|---|---|---|
| 화장실 | choo | vyoo |
| 방 | chumba | vyumba |
| 대학교, 기관 | chuo | vyuo |
| 마을 | kijiji | vijiji |
| 산 | kilima | vilima |

| 우물 | kisima | visima |

### 4) 사람

| | 단수 | 복수 |
|---|---|---|
| 청년 | kijana | vijana |
| 장님 | kipofu | vipofu |
| 귀머거리 | kiziwi | viziwi |

### 5) 동물

| | 단수 | 복수 |
|---|---|---|
| 하마 | kiboko | viboko |
| 코뿔소 | kifaru | vifaru |

### 6) 신체

| | 단수 | 복수 |
|---|---|---|
| 머리 | kichwa | vichwa |
| 손가락 | kidole | vidole |
| 가슴 | kifua | vifua |

### 7) 추상적 개념

| | 단수 | 복수 |
|---|---|---|
| 계급, 열 | cheo | vyeo |
| 증명서 | cheti | vyeti |
| 당 | chama | vyama |

### 8) 언어의 명칭

| | 단수 |
|---|---|
| 아랍어 | Kiarabu |
| 불어 | Kifaransa |
| 인도어 | Kihindi |
| 스와힐리어 | Kiswahili |

※ 원래 다른 부류에 속해있던 명사가 ki/vi 부류의 명사로 변한 경우, 더 작은 것을 의미한다.

|  |  |  |  | 단수 | 복수 |
|---|---|---|---|---|---|
| mtoto | 아이 | → | 작은 아이 | kitoto | vitoto |
| sahani | 접시 | → | 작은 접시 | kisahani | visahani |

※ ki/vi 부류 명사 중 사람을 의미하는 명사는 m/wa 부류 명사와 같은 형용사 호응을 취한다.

Kijana **m**zuri         좋은 청년
Vijana **wa**zuri       좋은 청년들


Watoto hawa wanakula **ch**akula **ki**zuri hi**ki**.
이 아이들은 이 좋은 음식을 먹고 있다.
Soma **ki**tabu **ki**le **ki**zuri !
저 좋은 책을 읽어라!
**Ki**swahili **ch**ako ni **ki**zuri sana.
너의 스와힐리어는 매우 좋다.
Mama amenunua **ki**kapu **ki**pya sokoni.
어머니는 시장에서 새 바구니를 샀다.
Usitupe **vi**azi **vi**dogo **vi**le !
저 작은 감자들을 던지지 마세요!
**Ki**su hi**ki** ni **ki**kali sana.
이 칼은 매우 날카롭다.
Tunapenda hi**ch**o **ki**jiji **ch**etu.
우리는 우리의 그 마을을 좋아한다.
Angalia **ki**faru **yu**le **m**kubwa !
저 큰 코뿔소를 보아라!
**Ki**toto ha**j**ala **ch**akula **ch**ake bado.
작은 아이는 아직 그의 음식을 먹지 않았다.

**3단계**

### 표현 따라하기

### 1. 어디에 앉을까요?

| Tukae wapi? | 우리 어디에 앉을까요? |
투카에 와피

| Tukae pale, karibu na dirisha. | 우리 저기 앉지요, 창문 가까이에. |
투카에 팔레 카리부 나 디리샤

| Nikae wapi? | 제가 어디에 앉을까요? |
니카에 와피

| Ukae pale kitini. | 저기 의자에 앉으시지요. |
우카에 팔레 키티니

### 2. 어떤 음식을 좋아하나요?

Unapenda chakula gani? — 당신은 어떤 음식을 좋아하세요?
우나펜다 챠쿨라 가니

Napenda wali na samaki. — 나는 밥과 생선을 좋아합니다. (samaki 생선)
나펜다 왈리 나 사마키

Mnapenda chakula gani? — 당신들은 어떤 음식을 좋아하세요?
음나펜다 챠쿨라 가니

Napenda nyama na anapenda mboga.
나펜다 냐마 나 아나펜다 음보가

나는 고기를 좋아하고, 그는 야채를 좋아합니다.

Anapenda kinywaji gani? — 그는 어떤 음료수를 좋아합니까?
아나펜다 키뉴와지 가니

Anapenda soda. — 그는 탄산음료를 좋아합니다.
아나펜다 소다

## 3. 무엇을 먹을 것입니까?

Utakula nini?  당신은 무엇을 먹을 것입니까?
우타쿨라 니니

Nitakula wali.  나는 밥을 먹을 것입니다.
니타쿨라 왈리

Mtakula nini?  당신들은 무엇을 먹을 것입니까?
음타쿨라 니니

Tutakula biriani.  우리는 비리아니를 먹을 것입니다.
투타쿨라 비리아니

Watakula nini?  그들은 무엇을 먹을 것입니까?
와타쿨라 니니

Watakula ugali na mboga.  그들은 우갈리와 야채를 먹을 것입니다.
와타쿨라 우갈리 나 음보가  (ugali 우갈리(옥수수 가루로 만든 아프리카 전통음식))

## 4. ~를 갖다 주세요.

Tuletee wali na nyama.  우리에게 밥과 고기를 갖다 주세요.
툴레테에 왈리 나 냐마

Tuletee maji ya kunywa.  우리에게 마실 물을 갖다 주세요.
툴레테에 마지 야 쿠뉴와

Niletee chai.  나에게 차를 갖다 주세요.
닐레테에 챠이

Mletee chakula.  그에게 음식을 갖다 주세요.
음레테에 챠쿨라

## 4단계

### 문제 풀기

**1. 제시된 명사를 고려하여 괄호 안 수식어의 알맞은 형태를 쓰시오.**

1) kitanda　　_____　(-kubwa)
2) vitu　　　　_____　(-ingi)
3) kiti　　　　_____　(-ingine)
4) kiatu　　　_____　(-moja)
5) chumba　　_____　(-dogo)
6) kisu　　　_____　(-pya)

------

1) kikubwa, 2) vingi, 3) kingine
4) kimoja, 5) kidogo, 6) kipya

**2. 해석을 참고하여 빈 칸에 알맞은 주격전철를 넣으시오.**

1) Vichwa vyao __nawaumia.　그들의 머리가 그들을 아프게 하고 있다.
2) Kioo __mevunjika.　거울이 부서졌다.
3) Chakula __ko tayari.　음식이 준비되었다.
4) Vijana __nakwenda ofisini. 젊은이들이 사무실로 가고 있다.

------

1) vi, 2) ki, 3) ki, 4) wa

**3. 한국어로 해석하시오.**

1) Biriani ni chakula gani?
　_____

2) Usitupe viazi vidogo vile!
　_____

3) Tunapenda hicho kijiji chetu.
　_____

4) Kisu hiki ni kikali sana.
　_____

5) Mletee chakula.

　　_____

---

　　1) 비리아니는 어떤 음식입니까?
　　2) 저 작은 감자들을 던지지 마세요!
　　3) 우리는 우리의 그 마을을 좋아한다.
　　4) 이 칼은 매우 날카롭다.
　　5) 그에게 음식을 갖다 주세요.

## 4. 스와힐리어로 작문하시오.

1) 너의 스와힐리어는 매우 좋다.

_____.

2) 우리 어디에 앉을까요?

_____.

3) 당신들은 어떤 음식을 좋아하십니까?

_____.

4) 그는 커피를 마실 것입니다.

_____.

5) 작은 아이는 아직 그의 음식을 먹지 않았다.

_____.

---

　　1) Kiswahili chako ni kizuri sana.
　　2) Tukae wapi?
　　3) Mnapenda chakula gani?
　　4) Atakunywa kahawa.
　　5) Kitoto hajala chakula chake bado.

## Somo la 13

# Kula nyama choma
### 냐마쵸마 먹기

지호와 미나는 붐비와 함께 냐마쵸마(숯불로 구운 고기) 식당에서 저녁 식사를 하려 한다.

붐비 : Mnapenda nyama choma?
음나펜다 냐마 쵸마

지호 : Tunazipenda sana.
투나지펜다 사나

붐비 : Haya, kuna nyama choma tamu katika hoteli hii.
하야 쿠나 냐마 쵸마 타무 카티카 호텔리 히이

Twende kuchagua nyama.
투웬데 쿠차구아 냐마

지호 일행은 식당 한쪽에 고기가 전시된 곳으로 갔다.

붐비 : Mzee, una nyama gani leo?
음제에 우나 냐마 가니 레오

종업원 : Karibuni!
카리부니

Tuna nyama za aina zote, ng'ombe, mbuzi, kondoo, kuku.
투나 냐마 자 아이나 조테 응옴베 음부지 콘도오 쿠쿠

미나 : (염소 갈비를 가리키며) Mbavu hizi ni pesa ngapi?
음바부 히지 니 페사 응가피

종업원 : Hizi ni shilingi mia sita. Niziweke?
히지 니 쉴링기 미아 시타 니지웨케

붐비 : Sawa tu. Uchome vizuri.
사와 투 우쵸메 비주리

종업원 : Bila shaka! Mnataka nyama nyingine?
빌라 샤카 음나타카 냐마 닝기네

지호 : Nataka nyama ya kuku. Ni bei gani leo?
나타카 냐마 야 쿠쿠 니 베이 가니 레오

종업원 : Shilingi mia tano.
　　　　쉴링기　미아　타노

미나 : Huwezi kumaliza kuku nzima.
　　　후웨지　쿠말리자　쿠쿠　은지마

　　　Tumeagiza nyama nyingi. Uongeze nusu!
　　　투메아기자　냐마　닝기　우옹게제　누수

지호 : Haya, weka kuku nusu.
　　　하야　웨카　쿠쿠　누수

붐비 : Jumla ni pesa ngapi?
　　　줌라　니　페사　응가피

종업원 : Shilingi mia nane na hamsini. Mnataka vinywaji gani?
　　　　쉴링기　미아　나네　나　함시니　음나타카　비뉴와지　가니

붐비 : Tuletee bia baridi tatu!
　　　툴레테에　비아　바리디　타투

붐비 : 당신들은 냐마쵸마를 좋아하십니까?
지호 : 우리는 그것들을 매우 좋아합니다.
붐비 : 좋습니다. 이 식당에 맛있는 냐마쵸마가 있습니다.
　　　고기를 고르러 갑시다.

지호 일행은 식당 한쪽에 고기가 전시된 곳으로 갔다.

붐비 : 아저씨, 오늘 어떤 고기가 있습니까?
종업원 : 환영합니다. 쇠고기, 염소고기, 양고기, 닭고기, 모든 종류의 고기가 있습니다.
미나 : (염소 갈비를 가리키며) 이 갈비는 얼마인가요?
종업원 : 이것들은 600실링입니다. (불에) 올릴까요?
붐비 : 좋을 따름입니다. 잘 구워주세요.
종업원 : 걱정 마십시오! 당신들은 다른 고기를 원하십니까?
지호 : 나는 닭고기를 원합니다. 오늘 얼마인가요?
종업원 : 500실링입니다.
미나 : 당신 닭 한 마리 다 먹지 못합니다.
　　　우리는 이미 많은 고기를 주문했어요. 반마리만 추가하세요!
지호 : 좋아, 닭 반마리만 (불에) 올리세요.
붐비 : 다 해서 얼마지요?
종업원 : 850실링입니다. 당신들은 어떤 음료를 원하십니까?
붐비 : 우리에게 시원한 맥주 세 병 갖다 주세요.

# 1단계

## 단어 익히기

- -choma      굽다
- tamu        맛있는, 단
- -chagua     고르다
- aina        종류
- kondoo      양
- kuku        닭
- mbavu       갈비(단수 ubavu)
- -weka       놓다
- bila        ~없이
- shaka       의심, 어려움
- -maliza     끝내다
- -agiza      주문하다
- -ongeza     더하다, 추가하다
- nusu        절반
- vinywaji    음료수(단수 kinywaji)
- bia         맥주
- baridi      찬, 추위

# 2단계

## 문법 따라잡기

### 1. 목적격전철

스와힐리어 문장에서 목적어는 동사부 내에서 목적격전철의 형태로 나타나기도 한다. 일반적인 문장에서 목적격전철의 위치는 시제와 동사원형 사이이다.

Unaniona.                당신은 나를 보고 있습니다.

위의 문장에서 동사부 u-na-ni-ona는 주격전철(2인칭 단수), 현재시제, 목적격전철(1인칭 단수), 동사원형의 순으로 구성되어 있다.

Nilikuambia.　　　　　　　내가 너에게 말했다.

위의 문장에서 동사부 ni-na-ku-ambia는 주격전철(1인칭 단수), 현재시제, 목적격전철(2인칭 단수), 동사원형의 순으로 구성되어 있다.

각 명사부류의 목적격전철은 다음과 같다.

| 명사부류 | 수 | 목적격전철 | |
|---|---|---|---|
| m/wa class | 단 | 1인칭 | ni |
| | | 2인칭 | ku |
| | | 3인칭 | m |
| | 복 | 1인칭 | tu |
| | | 2인칭 | wa |
| | | 3인칭 | wa |
| m/mi class | 단 | u | |
| | 복 | i | |
| ji/ma class | 단 | li | |
| | 복 | ya | |
| ki/vi class | 단 | ki | |
| | 복 | vi | |
| n class | 단 | i | |
| | 복 | zi | |
| u class | 단 | u | |
| | 복 | zi | |
| ku class | 단 | ku | |
| ma class | 단 | pa | |
| | | ku | |
| | | m | |

목적격전철은 주격전철과 마찬가지로 목적어를 대체하거나 강화하는 기능을

담당한다. 따라서 동사부 뒤에 명사로 목적어가 존재해도 동사부 내에 목적격전철이 실현될 수 있다.

| | |
|---|---|
| **M**wite! | 그를 부르시오! |
| **M**wite daktari! | 의사를 부르시오! |
| Siku**m**wona. | 나는 그를 보지 못했다. |
| Siku**m**wona mwana wangu. | 나는 내 아들을 보지 못했다. |
| Siku**e**lewi. | 나는 너를 이해하지 못하겠다.(당신 말을 못 알아 듣겠다, elewa 이해하다) |
| Nili**ki**weka mezani. | 나는 그것을 탁자에 놓았다. |
| Nili**wa**kutana kazini. | 나는 일터에서 그들을 만났다. |
| Mtoto mdogo ana**m**wogopa kaka yake. | 작은 아이가 그의 형을 무서워한다. |
| **Ni**pe kilo mbili za vitunguu. | 나에게 2킬로의 양파를 주세요. |
| | (vitunguu 양파들) |

## 3단계

### 표현 따라하기

### 1. 우리는 그것을 좋아합니다.

| | |
|---|---|
| Mnapenda nyama choma?<br>음나펜다  냐마  쵸마 | 당신들은 냐마 쵸마를 좋아하십니까? |
| Tunazipenda.<br>투나지펜다 | 우리는 그것들을 좋아합니다. |
| Unapenda kitabu hiki?<br>우나펜다  키타부  히키 | 당신은 이 책을 좋아합니까? |
| Ninakipenda.<br>나나키펜다 | 나는 그것을 좋아합니다. |

| | |
|---|---|
| Anapenda ndizi?<br>아나펜다  은디지 | 그는 바나나를 좋아합니까? |
| Anazipenda.<br>아나지펜다 | 그는 그것들을 좋아합니다. |
| Wanakupenda?<br>와나쿠펜다 | 그들이 당신을 좋아합니까? |
| Wananipenda.<br>와나니펜다 | 그들은 나를 좋아합니다. |

## 2. 오늘 어떤 ~이 있습니까?

| | |
|---|---|
| Una nyama gani leo?<br>우나  냐마  가니  레오 | 오늘 어떤 고기가 있습니까?<br>(당신은 오늘 어떤 고기를 가지고 있습니까?) |
| Nina nyama ya ng'ombe na ya kuku.<br>니나  냐마  야  응옴베  나  야  쿠쿠 | 쇠고기와 닭고기가 있습니다.(나는 쇠고기와 닭고기를 가지고 있습니다.) |
| Una matunda gani leo?<br>우나  마툰다  가니  레오 | 오늘 어떤 과일들이 있습니까? |
| Nina ndizi na mapapai.<br>니나  은디지  나  마파파이 | 바나나와 파파야가 있습니다. |
| Mna chakula gani leo?<br>음나  챠쿨라  가니  레오 | 오늘 어떤 음식이 있습니까?<br>(당신들은 오늘 어떤 음식을 가지고 있습니까?) |
| Tuna wali na biriani.<br>투나  왈리  나  비리아니 | 밥과 비리아니가 있습니다.<br>(우리는 밥과 비리아니를 가지고 있습니다.) |

## 3. 걱정 마세요.

| | |
|---|---|
| Nahitaji maji ya kunywa.<br>나히타지  마지  야  쿠뉴와 | 나는 마실 물이 필요합니다. |
| Hakuna shida.<br>하쿠나  쉬다 | 걱정 마세요.(문제없습니다.) |

Uchome vizuri.  잘 구워주세요.
우쵸메  비주리

Bila shaka.  걱정 마세요.
빌라  샤카

Lazima uje hapa mpaka saa sita.
라지마 우제 하파 음파카 사아 시타
당신은 12시까지 여기 와야 합니다.

Hakuna matata.  걱정 마세요.(문제없습니다.)
하쿠나  마타타

Lazima nimalize kazi yangu.
라지마 니말리제 카지 양구
나는 내 일을 끝내야 합니다.

Usiwe na wasiwasi.  걱정 마세요.(wasiwasi 걱정, 근심, 의심)
우시웨 나 와시와시

## 4. ~를 추가해 주세요.

Huwezi kumaliza kuku nzima.
후웨지 쿠말리자 쿠쿠 은지마
당신은 닭 한 마리를 다 먹지 못합니다.

Uongeze nusu.  반만 추가해주세요.
우옹게제  누수

Tunahitaji vinywaji zaidi.  우리는 음료가 더 필요합니다.
투나히타지  비뉴와지  자이디

Hebu ongeza chupa tatu.  세 병 더 추가해주세요.
헤부  옹게자  츄파  타투

## 4단계

### 문제 풀기

1. 제시된 해석을 고려하여 괄호 안에 알맞은 목적격 전철을 넣으시오.

   1) (   )ambie!  그에게 말하세요!
   2) Si(   )elewi.  나는 너를 이해하지 못하겠다.
   3) Nili(   )ona mwana wangu.  나는 내 아들을 보았다.
   4) (   )pe kilo moja ya chai.  나에게 1킬로의 차를 주세요.

   ---
   1) Mw, 2) ku, 3) mw, 4) Ni

2. 제시된 대화를 참고하여 괄호 안에 알맞은 목적격전철을 넣으시오.

   1) Unapenda nyama?  당신은 고기를 좋아하십니까?
      Nina(   )penda.  나는 그것들을 좋아합니다.
   2) Unapenda matunda?  당신은 과일을 좋아하십니까?
      Nina(   )penda.  나는 그것들을 좋아합니다.
   3) Unapenda vyakula?  당신은 음식을 좋아하십니까?
      Nina(   )penda.  나는 그것들을 좋아합니다.
   4) Unapenda miti?  당신은 나무들을 좋아하십니까?
      Nina(   )penda.  나는 그것들을 좋아합니다.

   ---
   1) zi, 2) ya, 3) vi, 4) i

3. 한국어로 해석 하시오.

   1) Tuna nyama za aina zote.
      _____

   2) Mwite daktari!
      _____

3) Tumeagiza nyama nyingi.
_____

4) Hukumwona.
_____

5) Mtoto mdogo anamwogopa kaka yake.
_____

---

1) 우리는 모든 종류의 고기를 가지고 있습니다.
2) 의사를 부르세요!
3) 우리는 이미 많은 고기를 주문했습니다.
4) 당신은 그를 보지 못했다.
5) 작은 아이가 그의 형을 무서워한다.

## 4. 스와힐리어로 작문하시오.

1) 우리에게 염소 고기를 가져다주세요.
_____

2) 우리는 그것들을(nyama) 좋아합니다.
_____

3) 반만 추가하세요.
_____

4) 오늘 어떤 음식이 있습니까?
_____

5) 잘 구워주세요.
_____

---

1) Tuletee nyama ya mbuzi.
2) Tunazipenda.
3) Uongeze nusu.
4) Una chakula gani leo?
5) Uchome vizuri.

# Kupika chakula
## 음식 요리하기

지호와 미나는 붐비의 시골집에 방문하여 며칠 동안 머물고 있다. 어느 날 미나는 붐비의 어머니와 대화를 나눈다.

미나 : Jiho amekwenda wapi?
　　　지호　아메꾸웬다　와피

어머니 : Yupo msituni. Jiho na Vumbi walikwenda kukata kuni.
　　　　유포　음시투니　지호　나　붐비　왈리꾸웬다　쿠카타　쿠니

　　　　Tangu alipokwenda ni masaa mawili.
　　　　탕구　알리포꾸웬다　니　마사아　마윌리

미나 : Mama, unafanya nini? Nikusaidie?
　　　마마　우나파냐　니니　니쿠사이디에

어머니 : Aa, mwanangu! Hii ni kazi yangu.
　　　　아아　무와낭구　히이　니　카지　양구

　　　　Ninakatakata sukuma wiki.
　　　　니나카타카타　수쿠마　위키

미나 : Ulinunua sokoni?
　　　울리누누아　소코니

어머니 : Sikununua. Nilichuma shambani.
　　　　시쿠누누아　닐리츄마　샴바니

　　　　Si uliona shambani pana mboga nyingi?
　　　　시　울리오나　샴바니　파나　음보가　닝기

미나 : Utapika nini leo jioni?
　　　우타피카　니니　레오　지오니

어머니 : Nitapika ugali na sukuma wiki.
　　　　니타피카　우갈리　나　수쿠마　위키

미나 : Nikuletee maji?
　　　니쿠레테에　마지

어머니 : Haya, mwanangu.
　　　　하야　음와낭구

　　　　Debe lenye maji lipo pembeni pale, na sufuria ipo hapa.
　　　　데베　렌예　마지　리포　펨베니　팔레　나　수푸리아　이포　하파

미나 : Nisaidie kupika ugali. Unga iko wapi?
　　　니사이디에　쿠피카　우갈리　웅가　이코　와피

> 어머니 : Ai! Unajua kupika ugali? Unga ipo juu ya kabati.
> 　　　　아이 우나주아 쿠피카 우갈리 웅가 이포 주우 야 카바티
>
> 잠시 후 지호와 붐비가 돌아와서 미나가 요리하고 있는 것을 본다.
>
> 붐비 : He! ulijifunza namna ya kupika ugali wapi?
> 　　　헤 울리지푼자 나음나 야 쿠피카 우갈리 와피
> 미나 : Rafiki yangu alinifundisha. Utakula ugali tamu leo.
> 　　　라피키 양구 알리니푼디샤 우타쿨라 우갈리 타무 레오
> 지호 : Sasa wewe ni mpishi. Hebu, harakisha tuna njaa sana.
> 　　　사사 웨웨 니 음피쉬 헤부 하라키샤 투나 은자아 사나
> 미나 : Haya ngoja kidogo. Nenda kunawa mikono yako kwanza.
> 　　　하야 응고자 키도고 넨다 쿠나와 미코노 야코 꾸완자

미나 : 지호는 어디 갔습니까?
어머니 : 그는 숲 속에 있어. 지호와 붐비는 나무하러 갔지.
　　　　그가 간 지 두 시간쯤 되었어.
미나 : 어머니는 뭐하세요? 제가 당신을 도와드릴까요?
어머니 : 아이구 내 아가! 이것은 내 일이야. 나는 케일을 잘게 자르고 있는 중이지.
미나 : 시장에서 사셨어요?
어머니 : 사지 않았어. 밭에서 수확했지. 밭에 야채가 많이 있는 것을 보지 못했나?
미나 : 오늘 저녁에는 무엇을 요리할 것입니까?
어머니 : 나는 우갈리와 케일을 요리할 것이야.
미나 : 물 갖다 드려요?
어머니 : 좋아, 내 아가. 물통은 저기 구석에 있고, 냄비는 여기 있지.
미나 : 제가 우갈리 요리하는 것을 도와드리겠습니다. 옥수수 가루는 어디 있습니까?
어머니 : 와아! 네가 우갈리 요리할 줄 알아? 옥수수 가루는 서랍장 위에 있어.

잠시 후 지호와 붐비가 돌아와서 미나가 요리하고 있는 것을 본다.

붐비 : 어! 우갈리 요리하는 방법을 어디서 배웠습니까?
미나 : 제 친구가 저에게 가르쳐주었습니다. 당신은 오늘 맛있는 우갈리를 먹게 될 것입니다.
지호 : 그러면 당신이 요리사군. 빨리 해주세요. 우리는 매우 배가 고픕니다.
미나 : 좋아요, 조금만 기다리세요. 우선 손부터 씻으러 가세요.

## 1단계

### 단어 익히기

- msitu            숲
- -kata            자르다
- kuni             장작, 성냥개비
- tangu            ~이래로
- sukuma wiki      케일
- -chuma           추수하다, 따다
- shamba           농장, 밭
- mboga            야채
- ugali            우갈리(옥수수 가루로 만든 음식)
- debe             물통
- -enye            ~를 가지고 있는
- sufuria          냄비
- unga             가루
- kabati           서랍장
- mpishi           요리사
- -harakisha       빨리하다
- njaa             배고픔
- -ngoja           기다리다
- -nawa            씻다

## 2단계

### 문법 따라잡기

#### 1. 완료상

스와힐리어에서 이미 일어난 행위의 결과가 아직도 현재에까지 영향을 미치고 있는 상황을 표현할 때 완료상 {me}를 쓴다.

ni + me + kula = nimekula    나는 먹었다(그래서 지금 안 먹어도 된다)

※ 이미 일어난 상황의 종료를 강조할 때는 {mesha}가 쓰이기도 한다.

Nimeshakula chakula.    나는 이미 음식을 먹어 버렸다.
Wameshafanya mtihani wao.    그들은 이미 시험을 치렀다.

※ 완료상의 부정은 {ja}이며, 단음절 동사가 {ja}와 함께 실현될 경우 {ku}가 추가되지 않는다.

si + ja + fanya =    sijafanya    나는 아직 하지 않았다.
hatu + ja + enda = hatujaenda    우리는 아직 가지 않았다.

Watoto wameamka asubuhi.
　　　　　　　　　　아이들이 아침에 일어났다.
Sijanunua mkate leo.    나는 오늘 아직 빵을 사지 못했다.
Mwizi ameiba mahindi shambani usiku.
　　　　　　　　　　도둑이 밤에 농장에서 옥수수를 훔쳐가버렸다.
Bado sijapata mshahara wangu.
　　　　　　　　　　나는 아직 내 월급을 받지 못했다.
Wazazi wangu wameketi barazani.
　　　　　　　　　　나의 부모님들은 이미 베란다에 앉아 계신다.
Bado hatujapanda mlima wa Kilimanjaro
　　　　　　　　　　우리는 아직 킬리만자로산에 오르지 않았다.

## 3단계

### 표현 따라하기

**1. 그가 어디 갔습니까?**

Amekwenda wapi?    그가 어디 갔습니까?
아메꾸웬다  와피

Amekwenda sokoni.
아메꾸웬다　소코니
그는 시장에 갔습니다.

Watoto wamekwenda wapi?
와토토　　와메꾸웬다　와피
아이들이 어디 갔습니까?

Wamekwenda kucheza mpira.
와메꾸웬다　　쿠체자　음피라
그들은 공놀이 하러 갔습니다.

Baba amekwenda wapi?
바바　아메꾸웬다　와피
아버지가 어디 가셨습니까?

Amekwenda kazini.
아메꾸웬다　카지니
그는 일터에 갔습니다.

Wanafunzi wamekwenda wapi?
와나푼지　　와메꾸웬다　와피
학생들은 어디 갔습니까?

Wamekwenda nyumbani.
와메꾸웬다　늄바니
그들은 집에 갔습니다.

## 2. 뭐하세요?

Unafanya nini?
우나파냐　니니
당신은 뭐하세요?

Ninapika chakula.
니나피카　차쿨라
나는 음식을 요리하고 있습니다.

Anafanya nini?
아나파냐　니니?
그는 뭐하고 있습니까?

Anasoma kitabu.
아나소마　카타부
그는 책을 읽고 있습니다.

Walimu wanafanya nini?
왈리무　와나파냐　니니
선생님들은 뭐하고 있습니까?

Wanakula chakula cha jioni.
와나쿨라　　차쿨라　차　지오니
그들은 저녁을 먹고 있습니다.

Mnafanya nini?
음나파냐 니니

당신들은 뭐하세요?

Tunakata kuni.
투나카타 쿠니

우리들은 나무하고 있습니다.

## 3. ~이 어디 있나요?

Unga iko wapi?
웅가 이코 와피

옥수수 가루는 어디 있습니까?

Ipo juu ya kabati.
이포 주우 야 카바티

그것은 서랍장 위에 있습니다.

Kijiko kiko wapi?
키지코 키코 와피

숟가락이 어디에 있습니까?

Kipo juu ya meza.
키포 주우 야 메자

탁자 위에 있습니다.

Pesa iko wapi?
페사 이코 와피

돈이 어디에 있습니까?

Ipo ndani ya mfuko.
이포 은다니 야 음푸코

그것은 가방 안에 있습니다.

## 4. ~하러 가세요.

Nenda kunawa mikono.
넨다 쿠나와 미코노

손 씻으러 가세요.

Nenda kununua samaki.
넨다 쿠누누아 사마키

생선 사러 가세요.

Nenda kutafuta kaka yangu.
넨다 쿠타푸타 카카 양구

나의 형을 찾으러 가세요.

Nenda kula chakula.
넨다 쿨라 차쿨라

음식 먹으러 가세요.

## 4단계

### 문제 풀기

**1. 주어진 동사기본형과 해석을 참고하여 동사부를 완성하시오.**

1) Wanafunzi _____ shule.
   학생들이 학교로 갔다.(그래서 그들이 지금 여기 없다, -enda)
2) Mwalimu _____ .
   선생님이 왔다.(그래서 그가 지금 여기에 있다, -ja)
3) Mimi _____ chai.
   나는 차를 마셨다.(그래서 지금 차를 더 마시지 않아도 된다, -nywa)
4) Wao _____ asubuhi.
   그들은 아침에 일어났다.(그래서 지금 그들이 깨어있다, -amka)

---

　　　　1) wamekwenda, 2) amekuja, 3) nimekunywa, 4) wameamka

**2. 제시된 문장의 부정문을 쓰시오.**

1) Mama amepika.　　　_____
2) Nimenunua mkate.　_____
3) Umekula chakula.　_____
4) Nimeolewa.(-olewa 결혼하다(여자))

　　　　　　　　　　　_____

5) Tumefika.　　　　　_____

---

　1) Mama hajapika.　　2) Sijanunua mkate.　　3) Hujala chakula.
　4) Sijaolewa.　　　　5) Hatujafika.

**3. 한국어로 해석하시오.**

1) Bado hatujapanda mlima wa Kilimanjaro

   _____

2) Debe lenye maji lipo pembeni pale.

   _____

3) Hebu, harakisha tuna njaa sana.
_____

4) Si uliona shambani pana mboga nyingi?
_____

5) Tangu alipokwenda ni masaa mawili.
_____

- - - - - - - - - - - - - - - - - - - - - - - - - - - - - - - - - - -

1) 우리는 아직 킬리만자로산에 오르지 않았다.
2) 물통은 저기 구석에 있습니다.
3) 서둘러주세요, 우리는 매우 배가 고픕니다.
4) 당신은 밭에 많은 야채가 있는 것을 보지 못했나요?
5) 그가 떠난 지 두 시간 정도 되었다.

## 4. 스와힐리어로 작문하시오.

1) 가서 먼저 손 씻고 오세요.
_____

2) 그는 뭐하고 있습니까?
_____

3) 숟가락이 어디 있습니까?
_____

4) 나는 아직 내 월급을 받지 못했다.
_____

5) 나의 부모님들은 이미 앉았다.
_____

6) 내 친구가 나에게 스와힐리어를 가르쳐 주었다.
_____

- - - - - - - - - - - - - - - - - - - - - - - - - - - - - - - - - - -

1) Nenda kunawa mikono kwanza.
2) Anafanya nini?
3) Kijiko kiko wapi?
4) Bado sijapata mshahara wangu.
5) Wazazi wangu wameketi.
6) Rafiki yangu alinifundisha Kiswahili.

# Kusafiri ni kuzuri.
여행은 좋은 것이다.

지호는 붐비와 라무 여행 일정에 대해 상의한다.

지호 : Sijui kama nitapata nafasi kutembelea Lamu.
시주이 카마 니타파타 나파시 쿠템벨레아 라무

Bila shaka Lamu ni mahali pa kupendeza?
빌라 샤카 라무 니 마할리 파 쿠펜데자

붐비 : Ndiyo, hata miji ya Malindi na Watamu.
은디요 하타 미지 야 말린디 나 와타무

Ni lazima urudi Nairobi, mwisho wa mwezi?
니 라지마 우루디 나이로비 음위쇼 와 음웨지

지호 : Si lazima. Kabla sijaenda Nairobi nitakuwa na shughuli huko
시 라지마 카블라 시자엔다 나이로비 나타꾸와 나 슈굴리 후코

Mombasa. Tena napenda kumtembelea rafiki yangu anayekaa
몸바사 테나 나펜다 쿠음템벨레아 라피키 양구 아나에카아

huko.
후코

붐비 : Anafanya kazi Mombasa?
아나파냐 카지 몸바사

지호 : Ndiyo. Natumaini atakuwepo, nitakapofika.
은디요 나투마이니 아타쿠웨포 니타카포피카

Anasafiri mara kwa mara kwa ajili ya kazi.
아나사피리 마라 꾸아 마라 꾸아 아질리 야 카지

붐비 : Basi, ukiwa na nafasi, ukae kwetu mpaka kaka yangu aje.
바시 우키와 나 나파시 우카에 크웨투 음파카 카카 양구 아제

지호 : Yule anayekaa Kilifi?
울레 아나예카아 킬리피

붐비 : Ndiye yeye. Atakuja wiki kesho. Kwa kawaida anakaa kwetu
은디예 예예 아타쿠자 위키 케쇼 꾸아 카와이다 아나카아 꾸웨투

siku mbili tu, halafu anaendelea na safari yake mpaka Lamu.
시쿠 음빌리 투 할라푸 아나엔델레아 나 사파리 야케 음파카 라무

Yeye ni mtu wa biashara.
예예 니 음투 와 비아샤라

　　　　Afadhali uende naye.
　　　　아파달리　우엔데　나예

지호 : Ni safari ndefu?
　　　니　사파리　은데푸

붐비 : Ni safari ya siku mbili tu. Mkiondoka hapa asubuhi mtafika
　　　니　사파리　야　시쿠　음빌리　투　음키온도카　하파　아수부히　음타피카
　　　mjini jioni. Siku ya pili yake mtapanda basi kwenda Lamu.
　　　음지니　지오니　시쿠　차　필리　야케　음타판다　바시　꾸웬다　라무
　　　Mabasi huondoka saa moja asubuhi.
　　　마바시　후온도카　사아　모자　아수부히
　　　Ni safari ya masaa machache. Utakubali kufuatana naye?
　　　니　사파리　야　마사아　마차체　우타쿠발리　쿠푸아타나　나예

지호 : Nitakubali. Nitafurahi kwenda naye.
　　　니타쿠발리　니타푸라히　꾸웬다　나예

붐비 : Kusafiri ni kuzuri!
　　　쿠사피리　니　쿠주리

---

지호 : 내가 라무를 방문할 수 있을지 모르겠습니다.
　　　의심할 바 없이 라무는 매혹적인 곳이겠지요?
붐비 : 그렇습니다, 말린디와 와타무까지도요. 당신은 월말까지 나이로비로 돌아가야만 합니까?
지호 : 꼭 그렇지만은 않습니다. 나이로비 가기 전에 저기 몸바사에서 볼일이 있습니다. 그리고 나는 거기 사는 친구를 방문하고 싶습니다.
붐비 : 그는 몸바사에서 일을 하고 있습니까?
지호 : 그렇습니다. 내가 거기 도착했을 때 그가 거기 있기를 바랍니다. 그는 일 때문에 때때로 여행을 하지요.
붐비 : 당신이 여유가 있다면 나의 형이 올 때까지 우리 집에 머무르세요.
지호 : 킬리피에 산다는 분 말입니까?
붐비 : 바로 그 분입니다. 그는 다음 주에 올 것입니다.
　　　보통 그는 우리집에 이틀만 머무르지요. 그런 다음에 그는 라무까지 여행을 계속합니다. 그는 상인이지요. 당신이 그와 함께 가는 것이 더 낫습니다.
지호 : 긴 여행입니까?
붐비 : 이틀 동안의 여행일 뿐입니다. 당신들이 만약 아침에 여기를 떠난다면 저녁에 읍내에 도착할 것입니다. 둘째 날 당신들은 라무로 가는 버스를 타게 될 것이고요. 버스는 보통 아침 7시에 출발 합니다. 몇 시간 동안의 여행이지요. 당신은 그와 같이 가는 것에 동의합니까?
지호 : 나는 동의할 것입니다. 그와 함께 가는 것은 즐거울 것입니다.
붐비 : 여행은 좋은 것입니다!

**1단계**

### 단어 익히기

- nafasi 기회
- -tembelea 여행하다, 방문하다
- -pendeza 즐겁게 하다, 만족시키다
- mwisho 끝
- kabla ~전에
- shughuli 볼일
- -tumaini 희망하다
- ajili 이유
- kawaida 관례, 습관
- biashara 교역, 장사
- -fuatana 동행하다
- -kubali 동의하다
- -furahi 기쁘다, 즐겁다

**2단계**

### 문법 따라잡기

#### 1. 지시사

스와힐리어에는 근칭, 원칭, 기지칭 등 세 가지 종류의 지시사가 존재하며, 문장 속에서 지시사는 지칭하는 명사의 부류에 따라 호응한다.

#### 1) 가까이 있는 사물을 지칭하는 근칭 지시사 {h-}

| | | | |
|---|---|---|---|
| mtu huyu | 이 사람 | watu hawa | 이 사람들 |
| mti huu | 이 나무 | miti hii | 이 나무들 |
| tunda hili | 이 과일 | matunda haya | 이 과일들 |

2) 멀리 있는 사물을 지칭하는 원칭 지시사 {-le}

| | | | |
|---|---|---|---|
| mtu yule | 저 사람 | watu wale | 저 사람들 |
| mti ule | 저 나무 | miti ile | 저 나무들 |
| tunda lile | 저 과일 | matunda yale | 저 과일들 |

3) 이미 알고 있는 사물을 지칭하는 기지칭 지시사 {-o}

| | | | |
|---|---|---|---|
| mtu huyo | 그 사람 | watu hao | 그 사람들 |
| mti huo | 그 나무 | miti hiyo | 그 나무들 |
| tunda hilo | 그 과일 | matunda hayo | 그 과일들 |

Wanafunzi hodari wachache **hawa**
　　　　　　　　　　　　이 몇몇의 총명한 학생들
Kula chakula **hiki** kizuri!　　이 좋은 음식들을 먹어라!
Lete mizigo **hii** mizito !　　이 무거운 짐들을 가지고 오너라!

Duka **lile** kubwa　　　　　　저 큰 상점
Nunua **ule** mkate mzuri!　　저 좋은 빵을 사거라!
Uza **lile** gari lako bovu!　　너의 저 오래된 차를 팔아라!
Angalia **lile** joka kubwa!　　저 큰 구렁이를 보아라!

Watoto **hao** wadogo　　　　그 작은 아이들
Watoto **wao** hao　　　　　그들의 그 아이들

## 3단계

### 표현 따라하기

### 1. ~를 반드시 해야 합니까?

Ni lazima uende Nairobi?　　당신은 나이로비로 돌아가야 합니까?
니　라지마　우엔데　나이로비

Si lazima.　　　　　　　　그럴 필요는 없습니다.
시　라지마

Ni lazima aondoke sasa hivi? 그가 지금 떠나야만 합니까?
니 라지마 아온도케 사사 히비

Ndiyo, hakuna nafasi hapa. 그렇습니다. 여기 여유가 없습니다.
은디요 하쿠나 나파시 하파

Ni lazima nifike mpaka saa moja?
니 라지마 니피케 음파카 사아 모자

내가 7시까지 도착해야 합니까?

Ndiyo, mabasi yaondoka saa moja.
은디요 마바시 야온도카 사아 모자

그렇습니다. 버스들이 7시에 출발합니다.

## 2. 나는 희망합니다.

Natumaini atakuja hapa. 나는 그가 여기에 오기를 희망합니다.
나투마이니 아타쿠자 하파

Atakuja hapa wiki ijayo. 그는 다음 주에 올 것입니다.
아타쿠자 하파 위키 이자요

Natumaini utapata nafasi. 나는 당신이 기회를 얻기를 희망합니다.
나투마이니 우타파타 나파시

Asante sana. Nitajaribu. 감사합니다. 노력하겠습니다.
아산테 사나 니타자리부

Natumaini nitamkutana mpenzi wangu.
나투마이니 니타음쿠타나 음펜지 왕구

나는 내 애인 만나기를 희망합니다.

Hebu maliza kazi yako kwanza.
헤부 말리자 카지 야코 꾸완자

우선 자네 일을 마무리 하게나.

## 3. 기회가 된다면, ~하시지요.

Ukiwa na nafasi, ukae kwetu.
우키와 나 나파시 우카에 크웨투

기회가 된다면, 우리집에 머무세요.

Asante sana. 감사합니다.
아산테 사나

Ukiwa na nafasi, unipigie simu.
우키와 나 나파시 우니피케 시무
기회가 된다면, 나에게 전화해 주세요.

Nitakupigia simu kesho.
니타쿠피기아 시무 케쇼 내가 내일 당신께 전화 드리지요.

Ukiwa na nafasi, umtembelee.
우키와 나 나파시 우음템벨레에
기회가 된다면, 그를 방문하세요.

Nitamtembelea.
니타음템벨레아 나는 그를 방문할 것입니다.

## 4. ~하는 것이 더 낫습니다.

Afadhali uende naye. 그와 함께 가는 것이 더 낫다.
아파달리 우엔데 나예

Nitafurahi kwenda na yeye.
니타푸라히 꾸웬다 나 예예
나는 그와 함께 가는 것에 즐거울 것입니다.

Afadhali umalize kazi leo.
아파달리 우말리제 카지 레오
일을 오늘 마치는 것이 더 낫다.

Nitaimaliza. 나는 일을 마칠 것입니다.
니타이말리자

Afadhali ulale sasa hivi. 지금 자는 것이 더 낫다.
아파달리 울랄레 사사 히비

Nataka kutazama televisheni zaidi.
나타카 쿠타자마 텔레비쉐니 자이디
나는 텔레비전을 더 시청하고 싶습니다.
(tazama 바라보다, 시청하다)

## 4단계

### 문제 풀기

**1. 제시된 명사를 참고하여 알맞은 지사사를 넣으시오.**

1) chakula _____       이 음식
2) watoto _____        저 아이들
3) matunda _____       저 과일들
4) kazi _____          그 일들
5) miti _____          이 나무들

---

1) hiki, 2) wale, 3) yale, 4) hizo, 5) hii

**2. 알맞은 지시사 넣어 문장을 완성하시오.**

1) _____ ni bibi yangu.              이 사람은 내 아내입니다.
2) Niletee vitabu _____ .            저 책들을 나에게 갖다 주세요.
3) Siku _____ nilimkutana.           저번 날 내가 그를 만났습니다.
4) Basi _____ linakwenda Mombasa.    이 버스가 몸바사로 간다.

---

1) Huyu, 2) vile, 3) ile, 4) hili

**3. 한국어로 해석 하시오.**

1) Kabla sijaenda Nairobi nitakuwa na shughuli huko Mombasa.
   _____

2) Sijui kama nitapata nafasi kutembelea Lamu.
   _____

3) Mkiondoka hapa asubuhi mtafika mjini jioni.
   _____

4) Natumaini atakuwepo, nitakapofika.
   _____

5) Uza lile gari lako bovu!
   _____

---

1) 나이로비로 가기 전에 나는 저기 몸바사에서 볼일이 있습니다.
2) 나는 라무를 방문할 여유가 있을지 모르겠습니다.
3) 당신들이 아침에 여기서 떠난다면, 저녁에 읍내에 도착하게 될 것이다.
4) 나는 내가 도착했을 때 그가 거기 있기를 희망합니다.
5) 너의 저 오래된 차를 팔아라!

## 4. 스와힐리어로 작문하시오.

1) 저 작은 감자들을 던지지 마세요!
   _____

2) 의심할 바 없이 라무는 멋진 곳입니까?
   _____

3) 때때로 그는 일 때문에 여행을 한다.
   _____

4) 보통 그는 우리 집에 이틀만 머문다.
   _____

5) 당신은 그와 동행하는 것에 동의합니까?
   _____

6) 이 무거운 짐들을 가지고 오너라!
   _____

---

1) Usitupe viazi vile vidogo!
2) Bila shaka Lamu ni mahali pa kupendeza?
3) Anasafiri mara kwa mara kwa ajili ya kazi.
4) Kwa kawaida anakaa kwetu siku mbili tu.
5) Utakubali kufuatana naye?
6) Lete mizigo hii mizito !

## Somo la 16 — Katika basi
버스에서

미나는 라무로 가는 버스를 안에서 만난 파투마와 대화를 나눈다. 몸바사에서 출발한 버스는 말린디 정류장에 잠시 정차했다.

파투마 : Unasafiri mpaka Lamu, mama?
우나사피리 음파카 라무 마마

미나 : Ndiyo. Nitakaa Lamu siku nne hivi,
은디요 니타카아 라무 시쿠 은네 히비

halafu mimi na mume wangu tutarudi kwa Nairobi kwa ndege.
할라푸 미미 나 무메 왕구 투타루디 꾸아 나이로비 꾸아 은데게

파투마 : Unafanya kazi katika Nairobi?
우나파냐 카지 카티카 나이로비

미나 : Hapana, tumekuja hapa kwa likizo.
하파나 투메쿠자 하파 꾸아 리키조

Itachukua masaa mangapi mpaka Lamu?
이타츄쿠아 마사아 마웅가피 음파카 라무

파투마 : Tumefika Malindi sasa hivi, kwa hivyo imebakia masaa
투메피카 말린디 사사 히비 꾸아 히비요 이메바키아 마사아

manne.
마은네

미나 : Safari ndefu!
사파리 은데푸

파투마 : Usiwe na wasiwasi, tutafika tu. Mizigo yenu ipo juu?
우시웨 나 와시와시 투타피카 투 미지고 예누 이포 주우

미나 : Hapana. Tuna mifuko miwili tu. Ipo chini, ndani ya basi.
하파나 투나 미푸코 미윌리 투 이포 치니 은다니 야 바시

Naona abiria wengine wana mizigo mingi.
나오나 아비리아 웽기네 와나 미지고 밍기

파투마 : Mingi sana. Sisi ambao tumetembelea ndugu shamba,
밍기 사나 시시 암바오 투메템벨레아 은두구 샴바

tuna mizigo mingi.
투나 미지고 밍기

미나 : Umeweka mizigo yako wapi?
우메웨카 미지고 야코 와피

파투마 : Inabidi kumpa mume wangu, aitunze.
이나비디 쿠음파 무메 왕구 아이툰제

미나 : Ndiye yule bwana ambaye amekaa mbele, karibu na dereva?
은디예 율레 브와나 암바예 아메카아 음벨레 카리부 나 데레바

파투마 : Ndiye yeye.
은디예 예예

미나 : Mna mizigo mingi sana!
음나 미지고 밍기 사나

파투마 : Ah, si yote. Vipo vitu ambavyo si mali yetu.
아 시 요테 비포 비투 암바비요 시 말리 예투

Abiria huwapa vitu wale waliopo mbele, wavitunze.
아비리아 후와파 비투 왈레 왈리오포 음벨레 와비툰제

Si uliona mzee akimpa mume wangu kikapu, na
시 울리오나 음제 아키음파 무메 왕구 키카푸 나

bwana mmoja akiweka kitu fulani.
브와나 음모자 아키웨카 키투 풀라니

미나 : Mume wangu anakuja pamoja na chakula.
무메 왕구 아나쿠자 파모자 나 차쿨라

Tutaongea zaidi baadaye.
투타옹게아 자이디 바아다예

파투마 : Haya, safari njema!
하야 사파리 은제마

---

파투마 : 당신은 라무까지 여행하십니까, 아주머니?
미나 : 그렇습니다. 나는 라무에 나흘 정도 머물 것입니다. 그런 다음에 나와 내 남편은 비행기로 나이로비에 돌아갈 것입니다.
파투마 : 당신은 나이로비에서 일하고 있나요?
미나 : 우리는 여기 휴가 왔습니다. 라무까지는 몇 시간이나 걸리지요?
파투마 : 우리는 지금 막 말린디에 도착했으니 네 시간 정도 남았습니다.
미나 : 긴 여행이군요.
파투마 : 걱정하지 마세요, 우리는 도착할 것입니다. 당신들 짐은 위에 있나요?
미나 : 아닙니다. 우리는 가방 두 개뿐입니다. 그것들은 버스 안의 밑에 있습니다. 다른 승객들은 짐이 많군요.
파투마 : 아주 많지요. 친척 농장을 방문한 우리도 짐이 많습니다.
미나 : 당신은 짐을 어디에 놓아두었습니까?
파투마 : 남편이 짐을 지킬 수 있도록 그에게 맡겨야만 했습니다.
미나 : 운전기사 근처의 앞에 앉아 있는 신사분 말인가요?
파투마 : 바로 그 사람입니다.

| 미나 : | 당신은 짐이 매우 많군요! |
|---|---|
| 파투마 : | 아! 전부가 다는 아닙니다. 우리 물건이 아닌 것도 있습니다. 승객들은 앞에 있는 사람들에게 짐을 맡기곤 하지요. 그들이 짐을 지키도록 말이지요. 한 노인분이 내 남편에게 바구니를 주고, 한 신사분이 어떤 물건을 놓고 가는 것이 보이지 않나요? |
| 미나 : | 내 남편이 음식을 가지고 오는군요. 다음에 더 이야기 하시지요. |
| 파투마 : | 좋습니다. 즐거운 여행 되세요! |

## 1단계

### 단어 익히기

- hivi — 이렇게, 약
- mume — 남편(mwanamume의 줄임말)
- likizo — 휴가, 방학
- -bakia — 남다
- wasiwasi — 걱정, 두려움, 의심
- abiria — 승객
- -bidi — 필요로 하다, 강제하다
- -tunza — 지키다
- mali — 재산
- kikapu — 바구니
- fulani — 어떤
- -ongea — 대화하다, 말하다
- baadaye — 나중에

## 문법 따라잡기

### 1. 계사

주어와 서술어를 연결하여 '이다,' '아니다' 등의 뜻을 나타내는 단어를 계사(copula)라고 한다.

#### 1) {ni} 현재긍정

| | |
|---|---|
| Wewe ni mwingereza? | 당신은 영국인입니까? |
| Mtoto wangu ni mgonjwa. | 나의 아이는 아프다. |
| Uhuru ni kazi. | 자유는 일이다. |

※ 과거 스와힐리어에서는 현재긍정 의미의 계사로 대명사격 전철이 사용되었으나, 현대 스와힐리어에서는 명사부류나 인칭에 관계없이 {ni}를 쓰는 것이 일반적이다.

| | |
|---|---|
| Juma yu daktari(Juma ni daktari). | 주마는 의사이다. |
| Ukuta ule u mrefu(Ukuta ule ni mrefu). | 저 벽은 높다. |
| U mzima? | 당신은 건강하십니까? |
| Yu tayari? | 그는 준비되었습니까? |

※ 실제 대화에서 계사 {ni}는 생략되는 경우가 있다.

| | |
|---|---|
| Mimi (ni) mwingereza. | 나는 영국인이다. |
| Chakula (ni) tayari! | 음식이 준비되었습니다. |
| Sahani hizi (ni) safi. | 이 접시들은 깨끗합니다. |

#### 2) {si} 현재부정

| | |
|---|---|
| Wao si wanafunzi. | 그들은 학생들이 아니다. |
| Mnyama huyu si mkali. | 이 동물은 사납지 않다. |
| Yeye si mwema. | 그는 좋은 사람이 아니다. |

3) {ndi-}, {si-} 등은 강조계사로서 연결하는 명사의 부류에 호응하는 관계접사와 함께 쓰인다.

    Huyu ndiye mwizi mwenyewe.      이 사람이 바로 도둑이다.
    Kitabu kile ndicho kibovu.      저 책이 바로 나쁜 책이다.
    Hapa ndipo anapolala.      이 곳이 바로 그가 자는 곳이다.
    Yule siye msafiri.      저 사람은 여행하는 사람이 아니다.
    Ile siyo mitungi yangu.      저것들은 내 물통들이 아니다.

## 2. {-li-}, {-po}, {-ko}, {-mo}, {-na}

1) {-li-}는 현재긍정 관계구문에만 사용되며, 부정에는 {si}가 함께 쓰인다.

    Aliye bahili hataishi kwa raha duniani.
        구두쇠는 세상에서 즐겁게 살지 못한다.
    Walio wanafunzi hapa ni wawili tu.
        여기 학생인 사람은 두 사람뿐이다.
    Nilipo ni pachafu.      내가 있는 곳은 더러운 곳이다.
    Walio si madaktari hawawezi kutibu wagonjwa.
        의사가 아닌 사람들은 환자를 치료하지 못한다.

2) 장소격 {-po}, {-ko}, {-mo} 등은 '어디에 있다(혹은 없다)'의 뜻을 나타내는 데 사용되며 현재형에서는 연결하는 명사의 인칭과 부류에 따라 주격전철과 함께 쓰이나, m/wa 부류의 3인칭단수의 경우 대명사격 전철 {yu}가 사용된다.

    Yuko sokoni.      그는 시장에 있다.
    Yupo jikoni.      그는 부엌에 있다.
    Wamo chumbani.      그들은 방 안에 있다.
    Mizigo ipo barazani.      짐들은 베란다에 있다.
    Mayai yamo kikapuni.      계란은 바구니 안에 있다.
    Mama hayupo?      어머니 안계시니?
    Watoto hawapo?      아이들은 없니?
    Kisu kiko wapi?      칼이 어디에 있니?

3) {-na}는 '가지고 있다'의 의미를 가지며 현재형에서는 연결하는 명사의 인칭과 부류에 따라 주격전철과 함께 쓰인다.

| | |
|---|---|
| Nina vitabu vingi. | 나는 많은 책을 가지고 있다. |
| Mtoto huyu ana uso mzuri. | 이 아이는 예쁜 얼굴을 가지고 있다. |
| Watumishi wana mishahara midogo. | 시중들은 적은 봉급을 받는다. |
| Mti ule una matawi mengi. | 저 나무는 많은 가지를 가지고 있다. |
| Kilima hiki kina miti mirefu. | 이 산에는 큰 나무들이 있다. |
| Sina nguo nyingi. | 나는 많은 옷들을 가지고 있지 않다. |
| Hatuna chakula kingine. | 우리는 다른 음식을 가지고 있지 않다. |
| Hamisi hana viatu. | 하미시는 구두가 없다. |

※ {-na}가 장소를 나타내는 주격전철과 함께 쓰일 경우, '있다,' 또는 '없다'의 의미를 나타낸다.

| | |
|---|---|
| Kuna vitabu vingi. | 많은 책들이 있다. |
| Kuna maziwa? | 우유 있습니까? |
| Pana wanyama wakali porini. | 숲 속에는 사나운 동물들이 있다. |
| Hamna shida! | 문제없습니다. |

## 3. 현재형 이외의 '이다,' '아니다,' '있다,' '없다,' '가지고 있다' 등의 표현

현재형에서 계사, 혹은 {-li-}, {-po}, {-ko}, {-mo}, {-na} 등을 이용해 실현되는 표현들이 과거시제, 미래시제, 완료상, 조건상과 함께, 혹은 가상법, 가정법, 명령법 등의 형태로 사용될 때 동사 'wa'가 나타난다.

### 1) '이다,' '아니다' 표현의 과거시제 및 미래시제

| | |
|---|---|
| Yeye alikuwa mwalimu. | 그는 선생님이었다. |
| Mtoto huyu atakuwa fundi. | 이 아이는 기술자가 될 것이다. |
| Mimi sikuwa mwizi. | 나는 도둑이 아니었다. |
| Hukuwa mzuri. | 너는 예쁘지 않았다. |

## 2) '이다,' '아니다' 표현의 완료상, 조건상, 가상법

| | |
|---|---|
| Fanya haraka uwe tayari mapema. | 빨리 당신이 준비될 수 있도록 서둘러라 |
| Chemsha maji kabla ya kunywa, tusiwe mgonjwa. | 우리가 아프지 않기 위해서, 마시기 전에 이 물을 끓여라! |
| Usiwe na wasiwasi! | 걱정하지 마세요! |
| Nimekuwa mwalimu. | 나는 선생님이 되었다. |
| Hajawa daktari bado. | 그는 아직 의사가 아니다. |
| Ukiwa tajiri, unahitaji dereva. | 당신이 부자라면, 운전사가 필요하다. |

## 3) '있다,' '없다'(장소격) 표현의 과거시제 및 미래시제

| | |
|---|---|
| Nilikuwepo. | 나는 그곳에 있었다. |
| Hukuwepo. | 당신은 그곳에 없었다. |
| Atakuwepo. | 그는 그곳에 있을 것이다. |
| Hawatakuwepo. | 그들은 그곳에 없을 것이다. |

## 4) '가지고 있다' 표현의 과거시제 및 미래시제

| | |
|---|---|
| Nilikuwa na kitabu hiki. | 나는 이 책을 가지고 있었다. |
| Hakuwa na rafiki. | 그는 친구가 없었다. |
| Utakuwa na kalamu. | 당신을 연필을 가질 것이다. |
| Hawatakuwa na mtoto. | 그들은 아이를 가지지 못할 것이다. |

## 5) '가지고 있다' 표현의 완료상, 조건상, 가상법

| | |
|---|---|
| Amekuwa na ugonjwa. | 그는 질병을 앓아 왔다. |
| Sijawa na uwezo. | 나는 능력을 갖추지 못해 왔다. |
| Naomba uwe na afya nzuri. | 나는 당신이 건강하기를 기원합니다. |
| Nikiwa na bahati mbaya, nitakosa. | 내가 운이 없다면, 실패할 것이다. |

**3단계**

### 표현 따라하기

#### 1. ~에 ~일 정도 머무를 예정입니다.

Tutakaa Lamu siku nne hivi.
투타카아  라무  시쿠 은네 히비
우리는 라무에 나흘 정도 머무를 예정입니다.

Lamu ni mahali pa kupendeza.
라무 니 마할리 파  쿠펜데자
라무는 매혹적인 곳입니다.

Nitakaa Nairobi siku sita hivi.
니타카아  나이로비  시쿠 시타 히비
나는 나이로비에 엿새 정도 머무를 예정입니다.

Ukiwa na nafasi, uende Chuo Kikuu cha Nairobi
우키와 나 나파시 우엔데 츄오  키쿠우 챠 나이로비
기회가 된다면 나이로비대학교에 가보세요.

Utakaa wapi?   당신은 어디 머무를 예정입니까?
우타카아  와피

Nitakaa Safari Hotel siku tatu hivi.
니타카아  사파리 호텔 시쿠 타투 히비
나는 사파리 호텔에 사흘 정도 머무를 것입니다.

#### 2. 우리는 여기 휴가차 왔습니다.

Mnafanya kazi hapa?    당신들은 여기서 일을 하나요?
우나파냐  카지 하파

Tumekuja hapa kwa likizo.  우리는 여기 휴가차 왔습니다.
투메쿠자  하파 꾸아 리키조

Umekuja hapa kufanya nini? 당신은 여기 무엇 하기 위해 왔습니까?
우메쿠자  하파  쿠파냐 니니

Nimekuja hapa kwa likizo.  나는 여기 휴가차 왔습니다.
니메쿠자  하파  꾸아  리키조

Anafanya nini hapa?  그는 여기서 무엇을 합니까?
아나파냐  니니  하파

Amekuja hapa kwa likizo.  그는 여기 휴가차 왔습니다.
아메쿠자  하파  꾸아  리키조

## 3. ~을 어디에 놓아두었습니까?

Umeweka mizigo yako wapi?
우메웨카  미지고  야코  와피

당신은 짐들을 어디에 놓아두었습니까?

Nimeweka mizigo yangu chini ya basi.
니메웨카  미지고  양구  치니  야  바시

나는 내 짐들을 버스 밑에 놓아두었습니다.

Ameweka mzigo wake wapi?
아메웨카  음지고  와케  와피

그는 그의 짐을 어디에 놓아두었습니까?

Hana mzigo.  그는 짐이 없습니다.
하나  음지고

Mmeweka mizigo yenu wapi?
음메웨카  미지고  예누  와피

당신들은 짐들을 어디에 놓아두었습니까?

Tumeiweka juu ya meza.  우리는 탁자 위에 짐들을 놓아두었습니다.
투메웨카  주우  야  메자

## 4. 바로 그 사람입니까?

Ndiye yule bwana?  바로 저 신사분입니까?
은디예  율레  브와나

Ndiye yeye.  바로 그 사람입니다.
은디예  예예

| | |
|---|---|
| Ndiye huyu msichana?<br>은디예  후유  음시차나 | 바로 이 소녀입니까? |
| Siye.<br>시예 | 그 사람이 아닙니다. |
| Ndio wale watoto?<br>은디오  왈레  와토토 | 바로 저 아이들입니까? |
| Ndio wao.<br>은디오  와오 | 바로 그들입니다. |
| Ndio hawa watu?<br>은디오  하와  와투 | 바로 이 사람들입니까? |
| Sio.<br>시오. | 그 사람들이 아닙니다. |

## 4단계

### 문제 풀기

**1. 해석을 참고하여 빈 칸을 알맞은 단어로 채우시오.**

1) Mtoto wangu (   ) mzuri.    나의 아이는 예쁘다.
2) Sahani hizi (   ) safi.    이 접시들은 깨끗하지 않다.
3) Hapa (   ) anapolala.    이 곳이 바로 그가 자는 곳이다.
4) Mayai (   ) kikapuni.    계란은 바구니 안에 있다.

---

    1) ni, 2) si, 3) ni, 4) yamo

**2. 제시된 문장의 과거형을 쓰시오.**

1) Nina swali.
2) Yupo msituni.
3) Uko wapi?
4) Kuna vitabu vingi.

1) Nilikuwa na swali.
2) Alikuwepo msituni.
3) Ulikuweko wapi?
4) Kulikuwa na vitabu vingi.

## 3. 한국어로 해석 하시오.

1) Itachukua masaa mangapi mpaka Lamu?
   _____

2) Sisi ambao tumetembelea ndugu shamba, tuna mizigo mingi.
   _____

3) Inabidi kumpa mume wangu mizigo.
   _____

4) Abiria huwapa vitu wale waliopo mbele, wavitunze.
   _____

5) Huyu ndiye mwizi mwenyewe.
   _____

---

1) 라무까지는 몇 시간이나 걸립니까?
2) 친척 농장을 방문한 우리는 짐이 많다.
3) 내 남편에게 짐들을 줘야만 했습니다.
4) 승객들은 앞에 있는 사람들이 지키도록 짐을 맡기곤 합니다.
5) 이 사람이 바로 도둑이다.

## 4. 스와힐리어로 작문하시오.

1) 당신은 라무까지 여행하십니까?
   _____

2) 우리는 가방 두 개밖에 없습니다.
   _____

3) 우리 나중에 더 이야기합시다.
   _____

4) 그들은 그곳에 없을 것이다.
   _____

5) 라무까지는 4시간 남았습니다.
   _____

6) 걱정하지 마세요!
   _____

- - - - - - - - - - - - - - - - - - - - - - - - - - - - - - - - - - - -

1) Unasafiri mpaka Lamu?
2) Tuna mifuko miwili tu.
3) Tutaongea zaidi baadaye.
4) Hawatakuwepo.
5) Imebakia masaa manne mpaka Lamu.
6) Usiwe na wasiwasi!

# Kualikwa ngoma
잔치에 초대받기

지호와 미나는 라무에 잘 도착했다. 미나는 버스에서 만난 파투마와 대화를 나눈다.

파투마 : Umealikwa ngoma kesho kutwa.
　　　　우메알리끄와　응고마　케쇼　쿠트와

미나 : Vizuri sana! Jiho pia amealikwa?
　　　비주리　사나　지호　피아　아메알리끄와

파투마 : Jiho hakualikwa. Maana ni ngoma ya wanawake tu.
　　　　지호　하쿠알리끄와　마아나　니　응고마　야　와나와케　투

미나 : Nimealikwa na nani?
　　　니메알리끄와　나　나니

파투마 : Umekaribishwa na Amina ambaye ataolewa wiki ijayo.
　　　　우메카리비슈와　나　아미나　암바예　아타올레와　위키　이자요.

Ni ngoma ya arusi.
니　응고마　야　아루시

미나 : Amina ataolewa na nani?
　　　아미나　아타올레와　나　나니

파투마 : Bwana arusi ni Daudi.
　　　　브와나　아루시　니　다우디

Babake ni yule mwenye duka karibu na hoteli.
바바케　니　율레　음웬예　두카　카리부　나　호텔리

미나 : Arusi hii itakuwa siku gani?
　　　아루시　히이　이타쿠와　시쿠　가니

파투마 : Jumamosi ya wiki ijayo.
　　　　주마모시　야　위키　아자요

미나 : Ala! Tunakusudia kuondoka siku ya Alhamisi!
　　　알라　투나쿠수디아　쿠온도카　시쿠　야　알하미시

파투마 : Msiondoke kabla ya arusi! Lazima mwongeze likizo.
　　　　음시온도케　카블라　야　아루시　라지마　음옹게제　리키조

파투마 : 당신은 모레 잔치에 초대받았습니다.
미나 : 좋습니다. 지호 역시 초대받았습니까?
파투마 : 지호는 초대받지 못했습니다. 다시 말해 여성들만의 잔치이지요.

| 미나 : | 내가 누구로부터 초대받았습니까? |
|---|---|
| 파투마 : | 당신은 다음 주에 결혼할 아미나로부터 초대받았습니다. 결혼 잔치이지요. |
| 미나 : | 아미나는 누구와 결혼합니까? |
| 파투마 : | 신랑은 다우디입니다. 그의 아버지는 호텔 근처에 가게를 가진 사람이지요. |
| 미나 : | 이 결혼식은 무슨 요일에 있을 예정입니까? |
| 파투마 : | 다음 주 토요일입니다. |
| 미나 : | 아이구! 우리는 목요일에 떠날 계획입니다. |
| 파투마 : | 당신들 결혼식 전에 떠나지 마세요! 필히 휴가를 연장해야겠습니다. |

## 1단계

### 단어 익히기

- -alikwa — 초대받다
- ngoma — 북, 춤, 잔치, 축제
- kesho kutwa — 모레
- maana — 다시 말해서, 그 의미는, 왜냐하면
- wanawake — 여성들(단수 mwanamke)
- -karibishwa — 환영받다
- arusi — 결혼, 결혼식
- bwana arusi — 신랑
- babake — 그의 아버지(baba yake)
- Jumamosi — 토요일
- -kusudia — 의도하다
- Alhamisi — 목요일

## 2단계

### 문법 따라잡기

### 1. 가상법(subjunctive)

스와힐리어에서는 목적, 의무, 제안 등의 의미를 표현하기 위해 가상법이 널리 사용된다. 현재 이루어지지 않은 행위를 다루는 가상법 형태의 문장에서는 직설법 형태의 문장과 달리 시제가 나타나지 않는다. 가상법의 기본적인 형태는 아래와 같다.

주격전철 + 목적격전철 + 동사원형(마지막의 -a가 -e로 바뀐다)
U + imba = Uimbe
주격전철(2인칭 단수)    동사원형

가상법 형태의 문장에서 주격전철과 목적격전철이 필수적으로 나타나는 것은 아니다.

※ -a로 끝나지 않는 동사는 형태가 변하지 않는다.

| | |
|---|---|
| Usahau! | 잊어버리세요! |
| Ufikiri! | 생각해보세요! |

※ 직설법 형태의 문장에서와는 달리, 단음절동사에 ku가 첨가되지 않는다.

| | |
|---|---|
| Ule! | 드세요! |
| Unywe! | 마시세요! |
| Uje! | 오세요! |

#### 1) 공손명령

| | |
|---|---|
| Upike chakula! | 음식을 요리하세요! |
| Usimame pale! | 그곳에 서 주세요. |

#### 2) 간접명령

| | |
|---|---|
| Mambie apike wali. | 그에게 밥을 하라고 말하세요. |

Tulimtaka asome. 우리는 그가 공부하기를 원했다.

### 3) 목적, 의도

Mwite haraka tumpe zawadi. 빨리 그를 불러라, 우리가 그에게 선물을 줄 수 있도록.

Tuliondoka mapema ili tumkutane. 우리는 그와 만나기 위해 일찍 떠났다.(ili ~하기 위해서)

### 4) 제안

Twende! 가자!

Tuanze kazi! 일을 시작하자!

### 5) 제안의 뜻을 지닌 의문

Ningoje hapa? 내가 여기서 기다릴까요?

Tuanze kula? 우리 먹을까요?

### 6) 의무

Lazima apike sasa. 그가 지금 요리해야 한다.

Inafaa uondoke hapa. 당신이 여기를 떠나는 것이 낫다.

**3** 단계

### 표현 따라하기

## 1. ~로부터 초대받았습니다.

Umealikwa ngoma kesho kutwa.
우메알리끄와  응고마  케쇼  쿠트와   당신은 모레 잔치에 초대받았습니다.

Nimealikwa na nani?   내가 누구로부터 초대받았습니까?
니메알리끄와  나  나니

Umekaribishwa na Juma.
우메카리비슈와　나　쥬마

당신은 쥬마로부터 초대받았습니다.

Tumealikwa na Ali kesho jioni.
투메알리끄와　나 알리　케쇼　지오니

우리는 알리에게 내일 저녁 초대받았습니다.

Tutaondoka saa ngapi?
투타온도카　사아　응가피

우리는 몇 시에 출발할 예정입니까?

Saa kumi na moja hivi.
사아 쿠미 나 모자 히비

5시 정도입니다.

Wamealikwa sherehe Alhamisi.
와메알리끄와　쉐레헤　알하미시

그들은 목요일 축제에 초대받았습니다.
(sherehe 축제)

Watafurahi sana.
와타푸라히　사나

그들은 매우 기뻐할 것입니다.

## 2. ~이 무슨 요일에 있을 예정입니까?

Arusi hii itakuwa siku gani?
아루시 히이 이타쿠와 시쿠 가니

이 결혼식은 무슨 요일에 있을 예정입니까?

Itakuwa Jumamosi.
이타쿠와　주마모시

토요일에 있을 예정입니다.

Mtihani huu utakuwa siku gani?
음티하니 후우　우타쿠와　시쿠　가니

이 시험은 언제 있을 예정입니까?
(mtihani 시험)

Utakuwa Jumatatu.
우타쿠와　주마타투

월요일에 있을 예정입니다.

Atarudi siku gani?
아타루디　시쿠　가니

그는 무슨 요일에 돌아올 것입니까?

Atarudi Ijumaa.
아타루디　이주마아

그는 금요일에 돌아올 것입니다.

## 3. ~할 계획입니다.

Tunakusudia kuondoka siku ya Alhamisi.
투나쿠수디아 쿠온도카 시쿠 야 알하미시

우리는 목요일에 떠날 계획입니다.

Ninakusudia kwenda sokoni kesho.
니나쿠수디아 꾸웬다 소코니 케쇼

나는 내일 시장에 갈 계획입니다.

Wanakusudia kujenga nyumba mwaka ujao.
와나쿠수디아 쿠젱가 늄바 음와카 우자오

그들은 내년에 집을 지을 계획입니다.
(-jenga 짓다, 건설하다)

Unakusudia kuja hapa siku gani?
우나쿠수디아 쿠자 하파 시쿠 가니

당신은 무슨 요일에 여기에 올 계획입니까?

## 4. 떠나지 마세요!

Msiondoke kabla ya Arusi.
음시온도케 카블라 야 아루시

당신들은 결혼 전에 떠나지 마십시오.

Haya, tutaongeza likizo.
하야 투타옹케자 리키조

좋습니다. 우리는 휴가를 연장할 것입니다.

Usiondoke sasa.
우시온도케 사사

지금 떠나지 마세요.

Lazima nirudi nyumbani.
라지마 니루디 늄바니

나는 집으로 돌아가야 합니다.

# 4단계

## 문제 풀기

**1. 제시된 동사의 기본형과 해석을 참고하여 가상법 형태로 문장을 완성하시오.**

1) Lazima (          ).        당신은 떠나야만 한다. (-ondoka)
2) (          ) chakula.        우리에게 음식을 갖다 주세요. (-letea)
3) Mambie (      ) wali.        그에게 밥을 요리하라고 말하세요. (-pika)
4) (          ) hapa?        내가 당신을 여기서 기다릴까요? (-ngojea)
5) (          ) kula.        우리 먹기 시작합시다. (-anza)
6) Nitaondoka saa hii ili (          ). 나는 그를 만나기 위해 지금 출발할 것이다. (-kutana)

---

1) uondoke, 2) Tuletee, 3) apike,
4) Nikungojee, 5) Tuanze, 6) nimkutane

**2. 한국어로 해석 하시오.**

1) Umekaribishwa na Amina ambaye ataolewa wiki ijayo.
   _____

2) Babake ni yule mwenye duka karibu na hoteli.
   _____

3) Arusi hii itakuwa siku gani?
   _____

4) Lazima mwongeze likizo.
   _____

5) Umealikwa ngoma kesho kutwa.
   _____

---

1) 당신은 다음 주에 결혼하는 아미나에게 초대받았습니다.
2) 그의 아버지는 호텔 근처에 상점을 가지고 있는 분입니다.
3) 이 결혼식은 무슨 요일에 있을 것입니까?

4) 당신들은 반드시 휴가를 연장해야만 합니다.
5) 당신은 모레 잔치에 초대받았습니다.

### 3. 스와힐리어로 작문하시오.

1) 지호 역시 초대받았습니까?
_____

2) 지금 떠나지 마세요!
_____

3) 당신은 몇 시에 출발할 예정입니까?
_____

4) 우리는 목요일에 떠날 계획입니다.
_____

5) 다음 주 토요일입니다.
_____

6) 아미나는 누구와 결혼합니까?
_____

--------------------------------------------------

1) Jiho pia amealikwa?
2) Usiondoke sasa.
3) Utaondoka saa ngapi?
4) Tunakusudia kuondoka siku ya Alhamisi.
5) Jumamosi ya wiki ijayo.
6) Amina ataolewa na nani?

# Somo la 18

# Katika mkahawa
카페에서

지호와 미나는 라무에서 나이로비로 돌아왔다. 지호는 나이로비의 한 노천카페에서 친구 주마를 만났다.

주마 : Habari za safari?
하바리 자 사파리

지호 : Salama tu. Akina Vumbi walitukaribisha vizuri.
살라마 투 아키나 붐비 왈리투카리비샤 비주리

주마 : Mama yake hukaa wapi? Karibu na Mombasa?
마마 야케 우카아 와피 카리부 나 몸바사

지호 : La! Mbali kabisa, sehemu ya kusini. Si mbali na mpaka kati
라 음발리 카비사 세헤무 야 쿠시니 시 음발리 나 음파카 카티

ya Kenya na Tanzania.
야 케냐 나 탄자니아

주마 : Aa, wewe ni msafiri hodari sasa!
아아 웨웨 니 음사피리 호다리 사사

지호 : Na wewe, unafanyaje?
나 웨웨 우나파냐제

주마 : Najifunza Kifaransa. Nimealikwa kuhudhuria mkutano huko
나지푼자 키파란사 니메알리그와 쿠후두리아 음쿠타노 후코

Ufaransa. Bora nijaribu kusema kidogo Kifaransa.
우파란사 보라 니자리부 쿠세마 키도고 키파란사

지호 : Mtu akisema Kifaransa utaweza kuelewa?
음투 아키세마 키파란사 우타웨자 쿠엘레와

주마 : Akisema polepole huenda nitaelewa. Ni kama wewe, jinsi
아키세마 폴레폴레 후엔다 니타엘레와 니 카마 웨웨 진시

ulivyojifunza Kiswahili.
울리비요지푼자 키스와힐리

지호 : Nakumbuka sana. Sikuweza kuelewa Kiswahili vizuri
나쿰부카 사나 시쿠웨자 쿠엘레와 키스와힐리 비주리

mwanzoni.
음완조니

주마 : Unaendelea kwa haraka.
　　　우나엔델레아　꾸아　하라카
지호 : Walimu wengi wananisaidia kujifunza Kiswahili.
　　　왈리무　웽기　와나니사이디아　쿠지푼자　키스와힐리

주마 : 여행은 어땠나요?
지호 : 평안했을 뿐입니다. 붐비의 친지들이 우리를 따뜻하게 맞이해 주었습니다.
주마 : 그의 어머니는 어디 계십니까? 몸바사 근처에요?
지호 : 아닙니다. 남쪽 지역의 제법 먼 곳입니다.
　　　케냐와 탄자니아 사이 국경에서 멀지 않지요.
주마 : 와아, 이제 당신은 용감한 여행자군요.
지호 : 그러면 당신은 뭐하고 지내세요?
주마 : 나는 프랑스어를 배우고 있습니다. 나는 저기 프랑스에 회의 참석차 초대받았습니다. 프랑스어 조금 하려고 노력하는 것이 좋지요.
지호 : 누가 프랑스어로 이야기하면 알아들을 수 있나요?
주마 : 천천히 말하면 알아들을 수 있습니다. 마치 당신이 스와힐리어 배웠던 방식처럼.
지호 : 지금 기억이 납니다. 처음에 나는 스와힐리어를 잘 알아듣지 못했었지요.
주마 : 당신은 빨리 발전하고 있습니다.
지호 : 많은 선생님들이 나의 스와힐리어 공부를 도와주고 있습니다.

**1단계**

## 단어 익히기

- mkahawa　　　　카페, 식당
- akina　　　　　 친구들, 친지들(kina)
- mbali　　　　　 (거리가) 먼
- sehemu　　　　 지역
- kusini　　　　　 남쪽
- mpaka　　　　　국경, ~까지
- msafiri　　　　　여행자
- Kifaransa　　　　프랑스어

- -hudhuria 참가하다
- mkutano 회의
- Ufaransa 프랑스
- bora 더 나은, 더 좋은
- polepole 천천히
- -jifunza 배우다
- -kumbuka 기억하다
- mwanzo 처음
- haraka 빨리

**2단계**

## 문법 따라잡기

### 1. 변형동사

스와힐리어에서는 동사의 어미에 접미사를 첨가함으로써 여러 가지 추가적인 의미를 나타낼 수 있다.

**1) 지향형(directive, prepositional)** : 어미에 'i', 'e' 첨가

* '-를 위해'의 의미

Ninamwandikia barua kwa sababu hajui kuandika.
    그는 쓸 줄을 모르기 때문에 내가(그를 위해) 편지를 쓰고 있다.(-andika → -andikia)

Sina nguvu, unichukulie mzigo huu!
    나는 기운이 없다. (나를 위해) 이 짐을 옮겨 주시오!(-chukua → chukulia)

Alinitafutia jembe zuri.
    그는 나를 위해 좋은 쟁기를 찾아주었다.
    (-tafuta → -tafutia)

※ 기본형 동사의 어미에 모음이 반복될 경우 'l'이 추가된다.

* 도구의 쓰임을 표현할 때
Wanataka vikombe vya kunywea chai.
　　　　　　그들은 차를 마실 컵들을 원한다. (-nywa → -nywea)

Huu ni mshipi wa kuvulia samaki.
　　　　　　이것은 물고기 잡을 때 쓰이는 낚싯줄이다.
　　　　　　(-vua → -vulia)

* 지향점을 나타낼 때
Mzee alilikimbilia basi ili kupata nafasi.
　　　　　　노인은 자리를 잡기 위해 버스를 향해 뛰었다.
　　　　　　(-kimbia → -kimbilia)
Watoto walimtupia mawe mtu huyo.
　　　　　　아이들은 그 사람을 향해 돌을 던졌다.
　　　　　　(-tupa → -tupia)

2) 수동형(passive) : 어미에 'w' 첨가

Chakula kimetayarishwa na mama.
　　　　　　어머니에 의해 식사가 준비되었다.
　　　　　　(-tayarisha → -tayarishwa)
Kijana aligongwa na gari.　청년이 차에 치었다.
　　　　　　(-gonga → -gongwa)
Niliietwa hapa na baba.　나는 아버지에 의해 이곳에 오게 되었다.
　　　　　　(-leta → -letwa)
Jina lake limesahauliwa.　그의 이름은 잊혀졌다.
　　　　　　(-sahau → -sahauliwa)

3) 상태형(stative) : 어미에 'k' 첨가

* '상태'의 의미
Mlango umefunguka.　문이 열려 있다.
　　　　　　(-fungua → -funguka)

Kiti kimevunjika. 의자가 부서졌다.
(-vunja → -vunjika)

Kamba ile imekatika. 저 줄은 끊어졌다.
(-kata → -katika)

* '가능성'의 의미
Kazi hii inafanyika. 이 일은 완수될 수 있다.
(-fanya → -fanyika)

Njia ile haikupitika 저 길은 통과할 수 없었다.
(-pita → -pitika)

Nyumba ile inaonekana hapa. 저 집은 여기서 볼 수 있다.
(-ona → -onekana)

Inawezekana kupata gari la moshi kwenda Busan hapa.
여기서 부산가는 기차를 타는 것이 가능하다. (-weza → -wezekana)

※ -ona, -pata, -weza 등의 동사는 상태형에서 어미가 '-kana'가 된다.

### 4) 사역형(causative) : 어미에 'sha,' 'z' 첨가

Hebu punguza bei! 값을 깎아 주세요!
(-pungua → -punguza)

Mama aliniamsha leo asubuhi.
어머니가 오늘 아침에 나를 깨웠다.
(-amka → -amsha)

Msaada wake utarahisisha kazi hii.
그의 도움이 이 일을 쉽게 할 것이다.
(rahisi → -rahisisha)

### 5) 상호형(reciprocal) : 어미에 'na' 첨가

Baba na mama wanapendana sana.
아버지와 어머니는 서로를 매우 사랑한다.
(-penda → -pendana)

Yeye na ndugu zake wanadharauliana.
그와 그의 형제들은 서로 매우 싫어한다.
(-dharau → -dharauliana)

Nilikutana naye dukani. 나는 상점에서 그와 만났다.
(-kuta → -kutana)

Usigombana na dada yako. 너의 누나와 싸우지 마라!
(-gomba → -gombana)

### 6) 정지형(static) : 어미에 'ma' 첨가

Wakati tulipofika pale, mwizi alifichama.
우리가 그곳에 도착했을 때 도둑은 숨어버렸다. (-ficha → -fichama)

Mwitu umefungamana. 숲에 나무가 빽빽이 들어서 있다.
(-funga → -fungamana)

### 7) 반대형(conversive) : 어미에 'u' 첨가

Hebu ufungue dirisha kwa sababu kuna joto.
더우니까 창문 좀 열어주세요.
(-funga 닫다 → -fungua 열다)

Alizibua kizibo ya chupa. 그는 병의 마개를 땄다.
(-ziba (마개로) 막다 → -zibua (마개를) 따다, 열다)

### 8) 강조형(augmentative) : 어미에 'u' 첨가

Alikamua matiti ya ng'ombe ili kupata maziwa.
그는 우유를 얻기 위해 소의 젖을 쥐어짰다. (-kama 잡다 → -kamua)

Baba alichimbua miti katika bustani.
아버지는 정원의 나무들을 파내서 뽑아 버렸다. (-chimba 파다 → -chimbua)

### 9) 반복형(reduplication) : 동사를 반복

Alitusumbulia kwa sababu alisemasema tu.
그가 계속 떠들기만 해서 우리를 귀찮게 했다. (-sema → -semasema)

Watoto wale wanachezacheza tu.
저 아이들은 계속 놀기만 한다.
(-cheza → -chezacheza)

### 10) 재귀형 : 동사 앞에 'ji' 첨가

Lazima ujitayarishe kwenda safari mpaka saa tatu.
9시까지 여행을 떠날 준비를 해야 한다.
(-tayarisha → -jitayarisha)

Mwana wake alijitegemea kiuchumi.
그의 아들은 경제적으로 독립했다.
(-tegemea → -jitegemea)

## 3단계

### 표현 따라하기

## 1. ~가 따뜻하게 맞이해 주었습니다.

Mlikaa wapi? 당신들은 어디 머물렀습니까?
음리카아 와피

Akina Vumbi walitukaribisha vizuri.
아키나  붐비   왈리투카리비샤   비주리

붐비의 친지들이 우리를 따뜻하게 맞이해 주었습니다.

Ulikaa wapi? 당신은 어디 머물렀습니까?
울리카아 와피

Rafiki yangu alinikaribisha vizuri.
라피키  양구   알리니카리비샤   비주리

나의 친구가 나를 따뜻하게 맞이해 주었습니다.

Alikaa wapi?  
알리카아 와피  
그는 어디 머물렀습니까?

Nilimkaribisha vizuri.  
닐리음카리비샤 비주리  
내가 그를 따뜻하게 맞이해 주었습니다.

## 2. ~는 어디에 살고 있습니까?

Mama yake hukaa wapi?  
마마 야케 후카아 와피  
그의 어머니는 어디에 살고 있습니까?  
(평소에 어디 머무르고 있습니까?)

Mama yake hukaa karibu na Mombasa.  
마마 야케 후카아 카리부 나 몸바사  
그의 어머니는 몸바사 근처에 살고 있습니다.

Wewe hukaa wapi?  
웨웨 후카아 와피  
당신은 어디에 살고 있습니까?

Mimi hukaa Mji wa Kisumu.  
미미 후카아 음지 와 키수무  
나는 키수무시(市)에 살고 있습니다.

Wao hukaa wapi?  
와오 후카아 와피  
그들은 어디에 살고 있습니까?

Wao hukaa Nairobi.  
와오 후카아 나이로비  
그들은 나이로비에 살고 있습니다.

## 3. 뭐하고 지내세요?

Unafanyaje?  
우나파냐제  
당신은 뭐하고 지내세요?

Najifunza Kifaransa.  
나지푼자 키파란사  
나는 프랑스어를 배우고 있습니다.

Mnafanyaje?  
음나파냐제  
당신들은 뭐하고 지내세요?

Tunafanya biashara sokoni.  
투나파냐 비아샤라 소코니  
우리는 시장에서 장사를 하고 있습니다.

Anafanyaje?  
아나파냐제  
그는 뭐하고 지냅니까?

Siku hizi anasafiri. 요즘 그는 여행하고 있습니다.
시쿠  히지   아나사피리

## 4. ~하는 것이 낫다.

Bora nijaribu kusema kidogo Kifaransa.
보라   니자리부    쿠세마    키도고    키파란사

내가 프랑스어를 조금 하도록 노력하는 것이 낫다.

Bora nirudi nyumbani mpaka saa moja jioni.
보라   니루디   늄바니   음파카   사아  모자  지오니

내가 저녁 7시까지 집에 돌아오는 것이 낫다.

Bora ale chakula kabla ya kuondoka.
보라  알레  챠쿨라   카블라  야   쿠온도카

출발하기 전에 그가 음식을 먹는 것이 낫다.

Bora wasome kitabu hiki. 그들이 이 책을 읽는 것이 낫다.
보라  와소메   키타부  히키

**4단계**

### 문제 풀기

1. 해석을 참고하여 제시된 동사를 알맞은 형태로 바꾸어 문장을 완성하시오.

   1) (        ) jembe zuri.
      그는 나를 위해 좋은 쟁기를 찾아주었다. (-tafuta)
   2) Kijana (        ) na gari.
      청년이 차에 치었다. (-gonga)
   3) Nyumba ile (     )hapa.
      저 집은 여기서 볼 수 있다. (-ona)

4) Mama (　) leo asubuhi.
   어머니가 오늘 아침에 나를 깨웠다.(-amka)
5) Baba na mama (　) sana.
   아버지와 어머니는 서로를 매우 사랑한다.(-penda)
6) Wakati tulipofika pale, mwizi (　).
   우리가 그곳에 도착했을 때 도둑은 숨어버렸다.(-ficha)
7) Baba (　) miti katika bustani.
   아버지는 정원의 나무들을 파내서 뽑아 버렸다. (-chimba)
8) (　) kizibo ya chupa.
   그는 병의 마개를 땄다.(-ziba)

---

1) Alinitafutia, 2) aligongwa, 3) inaonekana
4) aliniamsha, 5) wanapendana, 6) alifichama
7) alichimbua, 8) Alizibua

## 2. 한국어로 해석 하시오.

1) Nimealikwa kuhudhuria mkutano huko Ufaransa.
   _____

2) Akina Vumbi walitukaribisha vizuri.
   _____

3) Bora ale chakula kabla ya kuondoka.
   _____

4) Ni kama wewe, jinsi ulivyojifunza Kiswahili.
   _____

5) Mtu akisema Kifaransa utaweza kuelewa?
   _____

---

1) 나는 회의 참석을 위해 저기 프랑스에 초대받았습니다.
2) 붐비의 친지들이 우리를 따뜻하게 맞이해 주었습니다.
3) 떠나기 전에 그는 음식을 먹는 것이 낫다.
4) 마치 당신이 스와힐리어를 배운 방식처럼.
5) 누가 프랑스어로 말하면 당신은 알아들을 수 있습니까?

## 3. 스와힐리어로 작문하시오.

1) 그가 어디에 살고 있습니까?(평소에 어디 머무르고 있습니까?)
   _____

2) 당신은 이제 용감한 여행자입니다.
   _____

3) 그들은 뭐하고 지냅니까?
   _____

4) 그가 나를 따뜻하게 맞이해 주었습니다.
   _____

5) 나는 지금 기억이 납니다.
   _____

6) 많은 선생님들이 나의 스와힐리어 공부를 도와주고 있습니다.
   _____

---

1) Yeye hukaa wapi?
2) Wewe ni msafiri hodari sasa.
3) Wanafanyaje?
4) Alinikaribisha vizuri.
5) Nakumbuka sasa.
6) Walimu wengi wananisaidia kujifunza Kiswahili.

꿩먹고 알먹는
스와힐리어 첫걸음

# 부록

꿩먹고 알먹는 스와힐리어 첫걸음

## 동아프리카 주요 국가 정보 1

➜ **케냐 국가 개관**
- **정식국명** : 케냐 공화국(Republic of Kenya)
- **수도** : 나이로비
- **인구** : 약 3천8백만
- **면적** : 583,000 sq km
- **시간대** : 한국보다 6시간 늦음
- **언어** : 영어, 스와힐리어

➜ **케냐의 지형 및 기후**
- **중부 고원 지역** : 평균고도 1500m 고지대, 상춘기후
  비옥한 토양을 기반으로 농업생산이 활발한 지역
- **동부 해안 지역** : 고온 다습한 열대해양성기후
- **북부 및 동부 건조 지역** : 사막, 반사막기후, 다양한 유목민 거주 지역
- **서부 평원 지역** : 온화하며 연중 강우

## 동아프리카 주요 국가 정보 2

➜ **탄자니아 국가 개관**
- **정식국명** : 탄자니아연방공화국(United Republic of Tanzania)
- **수도** : 다르에스살람
- **인구** : 약 4천만
- **면적** : 945,087 sq km
- **시간대** : 한국보다 6시간 늦음
- **언어** : 스와힐리어, 영어

➜ **탄자니아의 지형 및 기후**
- **북동부, 서남부 산지** : 킬리만자로산, 메루산이 위치한 고지대
  비옥한 토양을 기반으로 농업생산이 활발한 지역
- **동부 해안 지역** : 고온 다습한 열대해양성기후
- **서부, 중북부 고원 지역** : 빅토리아호수, 탕가니카호수
- **중부 초원 지역** : 반사막 기후

## 동아프리카의 주요 관광지

### ➔ 마사이 마라 국립보호구(Masai Mara National Reserve)
- **면적** : 1,510 sq km
- **위치** : 케냐 나이로비의 남서쪽 자동차로 5시간(275 km)
- **관찰 가능 야생동물** : Big Five(사자, 표범, 코끼리, 버팔로, 코뿔소)를 비롯하여 치타, 기린, 재칼, 임팔라, 톰슨가젤 등등
- **관광최적기** : 7월 – 10월(탄자니아의 세렝게티로부터 2백만 마리의 누(gnu)와 얼룩말이 이동해 옴)

### ➔ 세렝게티 국립공원(Serengeti National Park)
- **면적** : 14,763 sq km
- **위치** : 탄자니아 북부 최대 도시 아루샤 서쪽 자동차로 6시간(335 km)
- **관찰 가능 야생동물** : Big Five를 비롯한 각종 포유류 및 조류
- **관광최적기** : 12월 – 2월(특히, 2월은 누가 새끼를 낳는 시기)

### ➔ 나쿠루 국립공원(Nakuru National Park)
- **면적** : 188 sq km(여의도 6배)
- **위치** : 케냐 나이로비 서쪽 자동차로 3시간(157 km)
- **관찰 가능 야생동물** : 사자, 표범, 코뿔소, 임팔라, 기린, 버팔로 등등
- **특징** : 나쿠루 호숫가에서 수십만 마리 홍학의 군무 감상

### ➔ 암보셀리 국립공원(Amboseli National Park)
- **면적** : 392 sq km
- **위치** : 케냐 나이로비 남동쪽 자동차로 5시간(135 km)
- **관찰 가능 야생동물** : 코끼리, 사자, 하이에나, 버팔로, 각종 조류
- **관광 최적기** : 12월-3월, 6월-10월(건기로서 킬리만자로산 조망 가능)

### ➔ 에버데어 국립공원(Aberdare National Park)
- **면적** : 767 sq km
- **위치** : 케냐 나이로비 북서쪽 자동차로 3시간(180 km)
- **관찰 가능 야생동물** : 표범, 코끼리, 봉고, 워터벅, 코뿔소

- **특징** : 중부 고원의 울창한 삼림 지역, 트리톱스(Treetops) 호텔에서 야간 동물 관찰 가능

➔ **응고로응고로 분화구(Ngorongoro Crater)**
- **면적** : 260 sq km
- **위치** : 탄자니아 아루샤 서쪽 자동차로 4 시간(180 km)
- **관찰 가능 야생동물** : 사자, 코끼리, 하이에나, 치타, 각종 초식동물
- **관광 최적기** : 연중(분화구 정상 부근은 연중 서늘하고 비가 자주 내림)

➔ **킬리만자로산 국립공원(Mount Kilimanjaro National Park)**
- **아프리카 최고봉** : 키보봉 5895 m
- **위치** : 탄자니아 아루샤에서 킬리만자로산 국립공원 정문까지 자동차로 1시간30분
- **관등반최적기** : 2월
- **등반 코스**
  제1일 : 마랑구게이트(1,550 m) – 만다라산장(2,729 m), 약 4시간 등반
  제2일 : 만다라산장 – 홀롬보산장(3,800 m), 약 7 시간 등반
  제3일 : 홀롬보산장 – 키보산장(4,703 m), 약 7 시간 등반
  제4일 : 새벽2시에 정상 등정 출발, 정상 등정 후 홀롬보산장까지 하산
  제5일 : 마랑구게이트까지 하산

➔ **삼부루 국립보호구(Samburu National Reserve)**
- **면적** : 104 sq km
- **위치** : 케냐 나이로비 북쪽 자동차로 6시간(343 km)
- **관찰 가능 동물** : 사자, 표범, 치타, 코끼리 등등
- **관광 최적기** : 북부 건조 지역 특유의 얼룩말, 기린과 에와소 니로(Ewaso Nyiro) 강의 악어

➔ **잔지바르(Zanzibar)**
- **면적** : 1,554 sq km
- **위치** : 탄자니아 수도 다르에스살람 동쪽 배로 2 시간(35 km)
- **날씨** : 연중 고온다습, 11월 소우기, 4월-5월 대우기
- **특징** : 스톤타운(Stone Town)에서 스와힐리문화 체험, 섬 곳곳에 해변 휴양지 산재